# Das Erziehungsideal in der Jugendfürſorge

## Eine ſyſtematiſche Unterſuchung

Von

Gerhard Steuk

Berlin und Leipzig 1928

Verlag von Walter de Gruyter & Co.

vormals G. J. Göſchen'sche Verlagshandlung — J. Guttentag, Verlagsbuchhandlung — Georg Reimer — Karl J. Trübner — Veit & Comp.

Druck von Walter de Gruyter & Co., Berlin W 10.
(Printed in Germany)

Den Herren

CARL MENNICKE

Direktor des Sozialpolitischen Seminars der Deutschen Hochschule für Politik, Berlin

und

WILHELM OSBAHR

Direktor des Landesaufnahmeheims Schloß Heiligenstedten

meinem Lehrer und meinem Lehrmeister
in der Jugendwohlfahrt in Dankbarkeit und
verehrungsvoll freundschaftlicher
Zuneigung

# Vorwort

Eum oportet crescere,
me autem minui

Diese Arbeit beansprucht nicht, das in Rede stehende Problem endgültig und restlos zu lösen; Anrede will sie sein, nicht Monolog. Weckt sie Kritik, so ist das ihr gesteckte Ziel erreicht: dazu beigetragen zu haben, daß die Frage, zu »welchem Ende treiben wir Wohlfahrtspflege?« so ernst genommen wird, so sehr in den Mittelpunkt des Denkens und Tuns gerückt werde, wie es der Schicksalsfrage aller fürsorgerischen Bemühung geziemt.

Gelingt das wirklich, so danke ich es den Männern, Lehrern und Freunden, die mir dabei halfen — persönlich und sachlich —, in erster Linie denen, die mir erlaubten, ihren Namen auf die erste Seite der Schrift zu setzen, und Herrn Professor Eduard Spranger, dessen Anteilnahme, Langmut, Nachsicht und Güte mich mit verehrender Bewunderung erfüllt haben.

Neumünster, den 1. Oktober 1927
am zweiten Jahrestage der Errichtung seines
Jugendgefängnisses

**Dr. phil. Gert Steuk,**
Strafanstaltsfürsorger u. -erzieher

# Inhalt



Alle Ausführungen, die nicht von unmittelbarer Bedeutung für die Weiterführung des Gedankenganges sind, wurden zusammen mit den Literaturangaben als Anmerkungen (S. 88—110) in den Anhang verwiesen. Die im Text oberhalb der Zeilen befindlichen Ziffern stellen den Zusammenhang mit den entsprechenden des Anhangs her.

# Einleitung: Aufgabe und Definition.

Die Stellung der Pädagogik im System der Wissenschaften ist eine doppelseitige. Als Wissenschaft von der geistigen Seelenleitung (als Technik) gehört sie zwar in das Gebiet der Seinswissenschaften, als Lehre von dem Erziehungsziel (als normative Wissenschaft) jedoch in dem Zusammenhang der Geisteswissenschaften, da eine pädagogische Zielsetzung stets abhängig bleibt von den in diesen behandelten Normen kulturellen Lebens überhaupt *)[1].

In Analogie zur vorherrschenden Arbeitsrichtung auf dem Gebiete der allgemeinen Pädagogik hat sich auch die Fürsorgepädagogik **) bislang im wesentlichen auf ihren wissenschaftlich-technischen Teil zuungunsten ihres geisteswissenschaftlich-normativen Zweiges beschränkt[2].

Die Aufgabe, die sich die vorliegende Arbeit gestellt hat, besteht nun darin, einerseits die verstreuten Ansätze und die fast nie in ihrer grundlegenden Bedeutung erkannten Ergebnisse aller bisherigen Arbeit am Erziehungsideal der Jugendfürsorge zu sammeln und zu ordnen und andererseits auf Grund dieser Unterlagen die Möglichkeit einer künftigen Gestaltung dieses Erziehungsideals zu erörtern. Dahinter steht die Überzeugung, daß die Fürsorgepädagogik zwar (wie jede entfaltende Technik bei der Entwicklung der in den organischen Gestalten angelegten inneren Tendenzen) vorläufig den Zweck zum Wert zu erheben vermag, auf die Dauer jedoch nicht das Pragmatische zum Gültigen umzuprägen imstande sein wird und der Doppelheit ihrer oben angedeuteten Aufgabenrichtung zufolge sich zu entschiedener ethischer Reflexion als Besinnung auf die sie begründenden Normen wenden muß.

---

*) Zur Begründung dieser Einordnung der Pädagogik in die Wissenschaftssystematik vgl. den Systementwurf Paul Tillichs.

**) Die Definition der Jugendfürsorge folgt weiter unten.

Der Gebrauch der Worte Jugendpflege und Jugendfürsorge ist — solange sie überhaupt gang und gäbe sind — ein außerordentlich schwankender gewesen [3]; teilweise haben sie ihren Sinn wechselseitig vertauscht. Doch hatte sich schon im letzten Jahrzehnt langsam eine eindeutige Bestimmung ihrer Bedeutung durchzusetzen begonnen, als die Verkündigung des Reichsgesetzes für Jugendwohlfahrt (RJWG.), die allgemeine Diskussion darüber und seine Autorität vor allem für künftige Neuschöpfungen und deren Benennung, eine feste, allgemein anerkannte Terminologie durchsetzte. Das geschah in der Weise, daß dem Oberbegriff »Jugendwohlfahrt« [4] die Begriffe »Jugendpflege und Jugendfürsorge«, als ihn gemeinsam erfüllende, untergeordnet wurden.

Zwar gibt auch das RJWG. keine Definition, aber aus seinem Gebrauch der Worte und deren Stellung im Rahmen des ganzen Gesetzes geht eine unzweifelhafte Abgrenzung hervor, die in Grenzfällen Schwierigkeiten (siehe Kinderhorte) offen läßt, aber im allgemeinen der Praxis Genüge leistet. Auch wir wollen keine Definition im strengen Sinne versuchen, wenn wir — in Übereinstimmung mit den Kommentatoren [5]) des RJWG. die Scheidung dahin festlegen, daß Jugendpflege die Arbeit an der normalen, Jugendfürsorge die an der nicht normalen, d. i. irgendwie gefährdeten Jugend zum Zwecke der Jugendwohlfahrt bedeute.

Ein unterstützendes Kriterium, das uns die Scheidung der allgemeinen Wohlfahrt [6]) in Sozialpolitik und Wohlfahrtspflege an die Hand gibt (zur Terminologie vgl. die Anmerkungen!), wäre in der Methodologie der Gebiete zu suchen, die sich für die Jugendpflege im Vorwiegen einer generalisierenden, für die Jugendfürsorge einer individualisierenden Behandlung ihrer Objekte kenntlich macht, wobei die Grenzen naturgemäß noch flüssiger sein müssen.

Wenn nun vom Erziehungsgedanken in der Jugendfürsorge in irgendeinem Sinne die Rede ist, so pflegt man sich dabei auf Anstaltserziehung, die sogenannte »Fürsorgeerziehung«, in diesem engeren Sinne zu beziehen. Nun ist aber der Aufbau des Gesamtgebietes der Jugendfürsorge aus offener und geschlossener Fürsorgearbeit [7]) ein durchgängig anerkannter. Schon aus diesem Grunde wäre ein Außerachtlassen der offenen Arbeit für den vorliegenden Zweck ein Akt der Willkür! Doch ist die Einbeziehung der Jugendfürsorge in unsere Erörterung in ihrer vollen Ausdehnung primär in einem sachlichen Zusammenhange begründet. Wir stellen uns wiederum in die Nähe der im RJWG.[8]) sozusagen kanonisierten Bestimmung des Aufgabenkreises für die gesamte Jugendwohlfahrt und deren beide Teilgebiete, wenn wir ihn als im wesentlichen durch die Arbeit an der Jugend in erzieherischer, gesundheitlicher und wirtschaftlicher Hinsicht geschlossen ansehen.

Die Entwicklung in der Literatur wie auch annäherungsweise in der Praxis hat dazu geführt, zum mindesten den theoretischen Teil dieser Arbeit so zu gliedern, daß die geschlossene Jugendfürsorge in weit stärkerem Maße unter dem Gesichtspunkt der Erziehung, die offene dagegen unter dem der Wirtschaftshilfe angesehen wird, während sich die hygienischen Erfordernisse einer gleichmäßigen Berücksichtigung auf beiden Gebieten erfreuen. Wenn auch seit dem Einsetzen der Jugendgerichtshilfe [9]) und der damit zusammenhängenden Arbeitszweige der erzieherische Teil der offenen Fürsorge sich mehr und mehr in den Vordergrund drängte (oft auf dem Wege und im Zusammenhang mit der halboffenen Arbeit [10]), so hat man sich doch bis in die neueste Zeit hinein gescheut, die pädagogische Arbeit in und außerhalb der Anstalt unter einheitlichen und prinzipiell gleichartigen Grundsätzen zusammenzufassen.

Diese Scheu ist um so unerklärlicher, als man sich an fast allen Orten — selbst da, wo private Anstalten bestanden — genötigt gesehen hat, einerseits Abmachungen zwischen Anstalt und Fürsorgestelle zu treffen über Geist und Methode der Erziehungsarbeit, und andererseits eine weitgehende Kenntnisnahme der gegenseitigen Arbeit systematisch in die Wege zu leiten. (Siehe Berlin und Lübeck) [11]). Es ist ja ohne weiteres klar, daß da, wo solche Übereinstimmungen nicht erzielt worden sind, mindestens die Erziehungsarbeit der schwächeren beider Institutionen stark beeinträchtigt, wenn nicht gar durch ihre Gegensätzlichkeit der Gesamterfolg völlig in Frage gestellt wird.

Am deutlichsten erhellt aber der tatsächlich bestehende und geforderte Zusammenhang pädagogischer Arbeit zwischen offener und geschlossener Jugendfürsorge aus den nicht seltenen Fällen [12]), in denen der eine Teil den anderen sich in Arbeitsgeist und -weise angeglichen, ihn um- oder neugeschaffen hat.

Wo eine derartige Vereinheitlichung der Zusammenarbeit noch nicht stattfinden konnte, ist die Tendenz daraufhin unverkennbar oder die Reibungen und Nachteile für den Erfolg unvermeidlich.

An dieser Stelle wird noch ein Wort darüber nötig, daß auch die Ansätze zu erzieherischer Arbeit in den Jugendgefängnissen [13]) in den Rahmen der geschlossenen Jugendfürsorge fallen, ein Tatbestand, der wohl von der Gesamtsystematik her nicht bestritten, aber in der Praxis noch keineswegs geläufig ist. Nun mag, trotz der vorliegenden Versuche, das Problem des Erziehungsgedankens im Strafvollzug seiner Lösung [15]) noch wenig nähergebracht sein; da, wo tatsächlich erzieherische Arbeit im prägnanten Sinne innerhalb der Jugendgefängnisse geleistet wird, ist aber von einer bloß negativen Wertung ihrer Leistung und Stellung gegenüber der sonstigen öffentlichen Zwangserziehung abzusehen und die Vollzugserziehung in bezug auf die ihr zugrunde liegenden pädagogischen Intentionen in das Ganze der Jugendfürsorge einzureihen, um so mehr, als ja notorisch von den Gebieten am Rande eines größeren Komplexes oft genug Anregungen und theoretische Grundlegungen für das eigentliche Zentrum fruchtbar geworden sind [16]).

Es bleibt noch innerhalb des Rahmens dieser Voreröterung ein kurzes Wort zu sagen, in welchem Verstande von dem Begriff des Erziehungsideals bei der vorliegenden Untersuchung die Rede sein soll. Dabei muß von vornherein Verzicht darauf geleistet werden, in wirklich grundlegender Weise das hier vorliegende Zentralproblem aller Pädagogik in Angriff zu nehmen. Es kann sich hier nur um eine mehr oder weniger willkürliche Festsetzung des Terminus handeln, die ihre Berechtigung im zweiten Abschnitte der Arbeit erweisen muß. Außerdem ergibt sich aus dem Zusammenhange, in dem das Wort Erziehungsideal hier ausschließlich gebraucht wird, eine gewisse Einschränkung seines Bedeutungsumfanges.

In einer mir vorliegenden Arbeit über die Methode der Fürsorgeerziehung [17]) finden sich folgende, sehr bezeichnende Sätze: »Fürsorgeerziehung ist öffentliche Erziehung, sie geschieht auf öffentliche Kosten, sie erfolgt an jungen Menschen, die entweder eine gewisse Art-Minderwertigkeit oder ungünstige persönliche Verhältnisse zum Delikt gebracht haben. Sie sind im Verhältnis zu anderen Gesellschaftsmitgliedern vom Standpunkt ihres Wertes für die Gesellschaft minderbewertet. Daher hat die öffentliche Erziehung nur Minimalforderungen zu erfüllen: Arbeitsame und ehrliche Menschen zu erziehen«.

In diesem Sinne ist auch wohl — unbeschadet einer möglicherweise noch umfassenderen und tieferen Deutung *) — das Pestalozzi-Wort: »Der Arme muß zur Armut erzogen werden«[18]) zu verstehen, das Paul Natorp folgendermaßen kommentiert: »Der Arme muß allerdings, da es nicht möglich ist, ihn allgemein und auf einmal aus seiner Lage herauszuheben, zunächst **) in Rücksicht auf seine Lage gebildet werden.«[19]) Bei Wichern heißt es dann, nun ja schon mit direktem Bezuge auf die Fürsorgeerziehung, wie sie sich von jenen Anfängen bis zum gegenwärtigen Stand kontinuierlich entwickelt hat ... »Grundsatz, daß in den Kindern das Bewußtsein, zum Stande der Armen zu gehören, durch das Leben in der Anstalt nicht aufgehoben werden darf«[20]).

Fassen wir diese Gesichtspunkte zusammen, so ist eine negative Abgrenzung unseres Begriffes ohne weiteres ersichtlich: Er ist eindeutig unterschieden von dem Begriff des Bildungsideals. Das wird deutlich, wenn wir den Natorpschen Gedankengängen über die Bildung[21]) folgen: »In nichts anderem besteht die Bildung des ‚Geistes', als darin, daß die Welten der Objekte, die Welt der Wissenschaft, die Welt des Sittlichen, die Welt der Kunstgestaltung, sich ihm bilden, das heißt, nach ihren eigenen Gesetzen, die keine anderen als die Gesetze des ‚Geistes' selbst sind, in ihm aufbauen«. »Die Gestaltung der geistigen Welten in einem jeden sich bildenden Geist unterliegt schließlich denselben allgemeinen Gesetzen; ihre besondere Gestaltung für den Einzelnen und die demgemäß auf diesen individuell zu übende Einwirkung kann erst darnach behandelt werden.« Darauf wird weiter aufgebaut und gefolgert: »Für die ‚Bildung' in diesem objektiven Sinne, für die Gestaltung der Objektwelten ohne Rücksicht auf die Besonderheit der Subjekte, denen allemal sie sich gestalten mögen, gebrauchen wir das Wort ‚Kultur'. Also deckt sich der Bildungsinhalt, objektiv vorgestellt, mit dem Kulturinhalt; es ist ein und das-

---

*) Vgl. Die Pestalozzi-Gedenkrede Eduard Sprangers (Erziehung, 2. Jahrg. S. 340).

**) Bei Natorp nicht gesperrt.

selbe, was wir Kultur nennen, wenn wir es als Gemeinbesitz der auf eine gewisse Höhe der Entwicklung gelangenden Menschheit, Bildung, wenn wir es als geistigen Besitz des einzelnen ins Auge fassen.« Und wir, die wir nicht an der idealistischen rationalen Systematik, die hinter diesen Sätzen Natorps steht, wohl aber an dem Nachweis dieses speziellen Zusammenhanges interessiert sind, können fortfahren: Infolgedessen sind auch Bildungsideal und Kulturideal in ihrem ganzen Umfange identisch [22]), sofern — wenn auch nicht unbedingt im Konnex der Natorpschen Gedankengänge — von der bloß überindividuellen, objektiven, historisch gewordenen noch die normative Idee einer echten Kultur zu scheiden ist [23]).

Für das Werden des Erziehungsideals innerhalb der Jugendfürsorge wird das Vorhandensein eines solchen Bildungsideales notwendige Voraussetzung sein müssen, eine conditio sine qua non, die aber — wie wir sehen werden — außerhalb ihres Bereiches liegt. (Im folgenden abstrahieren wir wieder vom völlig anderen systematischen Zusammenhang und richten unsere Aufmerksamkeit nur auf den speziellen Gedankengang, den wir verfolgen:) »Neben den Begriff des Bildungsideals, das sich in irrationalem Zusammenwirken verschiedenartigster Faktoren bildet, und nicht geschaffen, sondern nur zur Bewußtheit gebracht und geläutert sein will, stelle ich den Begriff der Erziehung, die dem Bildungsideal gegenüber dienenden Charakter hat und gleichsam der Weg ist, auf dem der einzelne zu diesem Bildungsideal geführt werden soll. Die Erziehung ist also nicht etwas, was in sich festgelegt wäre, sondern erhält ihre Richtung von außen, eben dem übergeordneten Bildungsideal, oder besser den Bildungsidealen . . .« Man mag gegen die Allgemeingültigkeit dieser Sätze von Müller-Freienfels [24]), besonders in dieser Formulierung skeptisch gesinnt sein, für das eigentümlich eingeengte Gebiet der Jugendfürsorge und ihres Erziehungszieles ist gegen sie nichts einzuwenden. Für dieses Erziehungsziel werden die Kulturwerte, die von der Gesellschaft in unendlichem Progreß stets von neuem zu erfassen und zu verwirklichen sind, immer als relativ abgeschlossene und fertige erscheinen müssen; jedenfalls sind sie bei einem Vergleich mit der übrigen freien Erziehung in weit höherem Maße nicht mehr »in Bildung begriffen«. Diese Abgrenzung zwischen Bildung und Erziehung kann sehr wohl an der ungefähren Scheidung erläutert werden, die Natorp in seiner Sozialpädagogik versucht. »Man spricht von wissenschaftlicher, technischer, künstlerischer so gut wie von sittlicher Bildung; . . . so ist das Wort bezeichnend wie kein anderes; es weist hin auf das innere Gesetz, nach dem ein Gebild, sei es als ein Werk der Kunst gestaltet wird oder als Werk der Natur sich selbst gestaltet. Doch behält daneben das Wort Erziehung seinen eigentümlichen . . . Sinn. Es ist bezeichnend gerade nach der Seite, die das Wort Bildung unentschieden läßt. Es weist darauf hin, daß die menschliche Bildung, wie sehr auch Sache natürlicher Entwicklung, doch zugleich einer auf Förderung oder wenigstens Schutz dieser Entwicklung planvoll gerichteten Bemühung bedarf . . . Also, daß menschliche Bildung Willenssache ist, das ist das Besondere und Wichtige, was das Wort Erziehung in Erinnerung hält.« (S. 3—5.) Das Ergebnis dieser Erörterungen läßt sich demnach so darstellen: Wenn hier vom Erziehungsideal, nicht vom Bildungsideal, der Jugendfürsorge die Rede ist, so hat das einmal seinen negativen Grund darin, daß es sich bei den pädagogischen Bemühungen in der Jugendfürsorge nicht so sehr um eine schöpferische, die Kulturgüter selbständig erfassende, verarbeitende und fördernde Tätigkeit handeln kann, als vielmehr vorwiegend um eine Bestimmung und Bildung des Willens auf eine in gewissem Maße vorauszusetzende, unabhängig von ihr bestehende und entstehende geistige Welt hin [25]); zum anderen seinen positiven Grund darin, daß diese Willensbildung in der Überwindung ganz außergewöhnlicher Hemmungen und Widerstände erheblich mehr Anstrengung und Anteilnahme erfordert, als ihr die übrige Pädagogik widmen kann und muß. Diese Formulierung läßt wohl keinen Zweifel, daß dabei nicht starre Grenzen für beide Gebiete, sondern nur Gradunterschiede festgestellt werden sollten. —

Fassen wir uns vorläufig, ohne Wert auf eine exakte Formulierung [26]) zu legen, dahin zusammen, daß wir unter Erziehungsziel dasjenige Bild des Zöglings, das seinem Erzieher bei seinen Bemühungen um ihn vorschwebt, verstehen, oder es (in Anlehnung an Natorp) [27]) als die »stetig fortschreitende Entwicklung gegebener Anlagen zu einer gewissen Höhe, die unter normalen Umständen erreicht werden muß«, erkennen, so erscheint mir trotz der — beliebig gewählten — rein formalen Bestimmungen doch noch ersichtlich, daß die Beibehaltung des Terminus Erziehungsideal gegenüber dem neuerdings zum Unterschiede von Bildungsideal immer gebräuchlicheren Erziehungsziel oder gar Erziehungszweck vorzuziehen ist.

Denn selbst für den durch die Abgrenzung gegen das Bildungsideal eingeschränkten Begriff »erscheint das Ziel bloß als Endpunkt des Weges, nicht zugleich als das Prinzip, welches den Weg ... von seinem ersten Anfang an seiner Richtung nach innerlich *) bestimmt; damit geht der Charakter der Bildung als ... Entwicklung von innen her, nicht bloß mechanisches Ergebnis äußerer Lenkung, verloren« [28]). Selbst, wenn man mit Krieck [29]) »Zielsetzung« in der Erziehung lediglich nur »als allenfalls technische Not- und Geburtshilfe für ein triebhaftes Wachsen« werten kann, ist dafür der Ausdruck Erziehungsideal angemessener. Denn auch zur »Erfindung« einer technischen Maschinerie gehört mehr als das bloße Wissen vom Zweck oder das Haben des Zieles; auch hier schwebt dem wollenden Geiste ein Bild vor. Bejaht man diesen antirationalistischen und pessimistischen Standpunkt nicht, so wird vollends für »die geprägte Form (vergleiche Idee), die lebend sich entwickelt«, nur die Bezeichnung »Erziehungsideal« richtig sein können. Wenn man die Definition Eduard Sprangers für das Ideal (in seinen unveröffentlichten Vorlesungen »Philosophische Grundlegung der Pädagogik«) als »begriffliches Wesen in seiner höchsten, anschaulich darstellbaren Vollkommenheit gedacht« im Zusammenhang mit der daran angeschlossenen Bemerkung anerkennt, daß das Bildungsideal nur intuitiv zu fassen und künstlerisch zu verstehen, nur in der plastischen Gestalt dichterischer oder künstlerischer Produktion zu schauen sei, so wird die Überlegenheit des Terminus' Erziehungsideal besonders deutlich.

Wir reden also im folgenden vom Erziehungsideal als von dem Bilde, das dem Erzieher unter Einwirkung der jeweiligen Bildungsideale vorschwebt und um dessen Verwirklichung in seinem Zögling er bemüht ist [30]).

*) Bei Natorp nicht gesperrt.

# Die gegenwärtigen Erziehungsideale in der Jugendfürsorge.

## a) Phänomenologie.

Versuchen wir es, mit den so festgesetzten Begriffen an die Erörterung unserer Aufgabe heranzugehen, so ergibt sich aus unseren einführenden Bemerkungen ohne weiteres eine Zweiteilung unserer Arbeit. Soll die Notwendigkeit einer Forderung nachgewiesen werden, so wird es zunächst unumgänglich sein festzustellen, ob diese Forderung nicht schon ihre Erfüllung gefunden hat, oder ob sie nicht wenigstens teilweise durchgeführt worden ist, wie diese Verwirklichung stattgefunden hat und welche Mängel sie aufweist. Erst nach Beantwortung dieser Frage kann dann untersucht werden, ob die Gründe, die zu dieser Forderung geführt haben, zureichend und unabweisbar, und die mit dieser Forderung verbundenen Ziele erstrebenswert und wichtig sind. Etymologisch gesprochen zerlegt sich der Nachweis der »Notwendigkeit« in den Aufweis der gegenwärtigen »Not« als Ursache und die Darlegung von Gründen und Zielen einer künftigen »Wendung«. Das heißt nichts anderes, als daß wir vorerst die Grundlinien einer Phänomenologie *) des Erziehungsideals eben der Jugendfürsorge aufzureißen versuchen müssen. Dazu muß vorausgeschickt werden, daß es der unabsehbaren Fülle der Zeugnisse wegen einerseits nicht möglich wäre, eine vollständige Übersicht zu geben, daß es andererseits aber im Charakter der vorliegenden Arbeit als einer vorwiegend systematischen auch gar nicht liegen kann, diese Vollständigkeit anzustreben. Sie darf lediglich auf einen orientierenden Abriß Wert legen. Selbstverständlich ist auch die Geschichte nur so weit in Betracht zu ziehen, als sie zur Erklärung der gegenwärtigen Lage erforderlich ist.

---

*) »Phänomenologie« nicht im Sinne Husserl-Schelerscher Wesensschau, sondern lediglich als Erkenntnis der Erscheinungsformen.

Erinnern wir uns, um einen Ausgangspunkt zu gewinnen, daran, daß die Jugendfürsorge in ihrer heutigen Gestalt aus der Fürsorgeerziehung herausgewachsen ist, diese aber als ein richterliches Erziehungsmittel (vgl. RJGG. § 7 *)) der Rechtsphäre angehört. Es ist anzunehmen, daß das Recht seines äußerst systematischen und rationalisierenden Charakters halber die Frage nach dem Erziehungsideal in der Jugendfürsorge auch in extenso in Angriff genommen hat. So schreibt das Allgemeine Landrecht (Band II Titel 2 § 108) vor: »Die Eltern sind schuldig, ihre Kinder zu künftigen brauchbaren Mitgliedern des Staates ... vorzubereiten«. Mit gleicher Eindeutigkeit äußert sich das BGB. nicht, doch ist aus den Motiven zum BGB. (Band IV Seite 750) für den § 1631 einiges zu erfahren, was Polligkeit [31]) so zusammenfaßt: 1. »Die Erziehung muß geeignet sein, dem Kinde eine solche körperliche und geistige Fähigkeit zu geben, daß es die Angelegenheiten, die zur Entwicklung und Erhaltung seiner Existenz erforderlich sind, nach erreichter Volljährigkeit selbständig zu besorgen vermag; so weit die Erhaltung der Existenz von der Beschaffung wirtschaftlicher Mittel abhängig ist, muß die Erziehung das Kind zu einer entsprechenden Erwerbstätigkeit vorbereiten«. 2. »Die Erziehung muß so beschaffen sein, daß das Kind die erforderliche Erkenntnis und Willenskraft erlangt, um die rechtliche Verantwortlichkeit für eigene Handlungen übernehmen zu können, die der Staat von jeder rechtlich verantwortlichen Persönlichkeit voraussetzt«. Genau besehen nichts als eine ausführliche Darstellung der Forderung im Allgemeinen Landrecht unter den Stichworten »Lebensberuf« und »soziale Verantwortlichkeit«.

Sehen wir nun die beiden großen Jugendspezialgesetze an. Auch sie weichen nicht erheblich von dem im Allgemeinen Landrecht und im BGB. formulierten Zielen ab. Das RJWG. kennt als Erziehungsideal die »leibliche, seelische und gesellschaftliche Tüchtigkeit« [32]). Gertrud Bäumer kommentiert folgendermaßen: »Andererseits wurde der Begriff der »gesellschaftlichen Tüchtigkeit« eingeführt, um damit das Erziehungsziel grundsätzlich in sozialem und nicht in individualistischem Sinne zu bestimmen. Das Kind ist für die Gesellschaft

---

*) Siegel für: Reichs-Jugend-Gerichts-Gesetz.

zu erziehen, und das Ziel der Erziehung bestimmt sich nach seiner Brauchbarkeit für die Gesellschaft«. Prägnanter kann gar nicht dargelegt werden, wie sehr der Ton auf dem dritten Attribut »gesellschaftlich« liegt und sich die durch die beiden ersten angedeuteten Ziele diesem dritten unterordnen. Außerdem möchte ich darauf hinweisen, wie allein schon im Begriff der Tüchtigkeit zum mindesten heute der leicht utilitarische Charakter der Zielangaben im Allgemeinen Landrecht und im BGB. enthalten ist [33]). Auch das preußische Ausführungsgesetz zum RJWG. bewegt sich im wesentlichen in denselben Bahnen, indem es die Präponderanz der gesellschaftlichen Tüchtigkeit gegenüber dem Reichsgesetz auch im Text hervorhebt: Ziel ist der »an Leib und Seele gesunde, von Gemeinsinn erfüllte, tüchtige Mensch« [34]). Für das RJGG. [35]) ist das Erziehungsziel durch die Tatsache der Bewährung erfüllt. Diesen Begriff zergliedert Herbert Francke wie folgt: »Der Verurteilte hat sich bewährt, wenn er sich »gut geführt« hat (§ 10 Absatz 1); er hat sich nicht bewährt, wenn er sich »schlecht geführt hat (§ 12 Absatz 4). Der anzuwendende Maßstab ergibt sich aus dem Ziele, das staatlichen Erziehungsmaßnahmen überhaupt gesetzt ist. Der Verurteilte hat sich bewährt, wenn seine Führung im allgemeinen den Anforderungen entspricht, die im Interesse eines geordneten menschlichen Zusammenlebens an ihn gestellt werden müssen [36])«.

Weit mehr noch als die Jugendgerichtsgesetzgebung hat sich der moderne Strafvollzug im allgemeinen, wie im besonderen der Jugendlichenstrafvollzug, die Frage nach dem Erziehungsziel in der Strafanstaltspädagogik gestellt und relativ einheitlich gelöst. Diese Lösungen gehen im wesentlichen auf die Grundsätze für den Vollzug von Freiheitsstrafen [37]), eine Vereinbarung der deutschen Länderregierungen, die ein künftig zu erwartendes Reichsstrafvollzugsgesetz vorwegnehmen, zurück; sie bieten zwar selbst keine ausdrückliche Zielbestimmung, sind aber die Veranlassung dafür, daß die auf Grund dieser Vereinbarung getroffenen Verwaltungsverordnungen eine solche für notwendig befanden. So sagt z. B. die preußische Dienst- und Vollzugsordnung [38]): »auf Erziehung zu einem geordneten, gesetzmäßigen Leben nach der Entlassung ist besonders hinzuwirken« (§ 52), und dabei kann sie sich auf den § 48 der eben erwähnten Ländervereinbarung berufen, der folgendermaßen lautet: »Durch den Vollzug der Freiheitsstrafe sollen die Gefangenen an Ordnung und Arbeit gewöhnt und sittlich so gefestigt werden, daß sie nicht wieder rückfällig werden«. Weit darüber hinaus geht die Hamburgische Dienst- und Vollzugsordnung mit ihren grundsätzlich die innere Wandlung des Verbrechers zum Ziel setzenden Forderungen: »Das besondere Ziel des Strafvollzuges muß sein, den Gefangenen während seiner Strafzeit für den Wiedereintritt in die Volksgemeinschaft so vorzubereiten, daß er sich seiner Verantwortung der Allgemeinheit gegenüber bewußt wird und willens und imstande ist, nach seiner Entlassung ein besserer Mensch zu sein, als er vor seiner Haft war« (§ 1)[39]. In dieser Schlußwendung klingt etwas an, was im Grunde über die Aufgaben und Absichten nur rechtlicher Institutionen hinausgreift; diese Hamburger Verordnung, deren mutmaßlicher Schöpfer, der Leiter des Hamburgischen Strafvollzugsdienstes, Koch, wohlgemerkt kein Jurist, ist, berührt sich eng mit Ausführungen, die der Strafrechtsreformer Professor Liepmann in Hamburg gelegentlich eines Vortrages über die Ländervereinbarung gemacht hat; sie mögen der inneren Verwandtschaft halber gleich hier folgen, obwohl sie innerhalb der sonstigen Bemühungen von rechtskundiger Seite offenbar einen Fremdkörper darstellen: »Diese Erziehungsarbeit kann aber nur dann fürs Leben dauern, . . ., wenn sie den Willen hat, den Gefangenen in seiner Totalität zu revolutionieren. . . . . eine solche μετάνοια, eine solche Umwandlung des Menschen . . .«[40]). Die Bestimmungen der preußischen DVO. werden noch einmal aufgenommen und erweitert in der preußischen Schulordnung für Gefangenenanstalten vom 27. Juni 1924[40a]); dort heißt es: »Neben der fachlichen Fortbildung hat eine lebenskundliche einherzugehen, die ganz besonders unter dem Gedanken der Erziehung zu einem brauchbaren Staatsbürger stehen muß. Unter Vermeidung aufdringlichen Moralisierens soll sie darnach streben, die Gefangenen zum Verständnis für Recht und Gesetz zu führen, die in ihnen liegenden sittlichen Kräfte erneut zu wecken und zu stärken und so die Bereitschaft zur Erfüllung sittlicher und insbesondere staatsbürgerlicher Pflichten in ihnen zu begründen und zu befestigen«. Auch die Thüringische Dienst- und Vollzugsordnung nimmt Bedacht auf den Unterricht und stellt ihm dasselbe erzieherische Ziel: den »Sinn für Einordnung in die Volksgemeinschaft und den Staatsgedanken« zu fördern [41]). Ebenso wäre einer der Praktiker des neuen Jugendstrafvollzuges, Curt Bondy, hier zu nennen: »... Das Wesen der Erziehung sollte darin liegen, den Zögling zu einer geschlossenen, verantwortungsvollen Persönlichkeit zu entwickeln und ihm die Einordnung in die Gesellschaft und das Kulturleben zu ermöglichen. Aus der Verbindung dieser beiden Momente in der Gefängniserziehung ergibt sich darum einerseits, daß der Gefangene so zu erziehen und so lange zu internieren ist, bis er wieder befähigt wird, sich in die Gesellschaft einzuordnen, und daß man ihm andererseits sein persönliches Bestimmungsrecht während der Strafzeit in dem Maße wiedergibt, als er es lernt, selbstverantwortlich zu leben. Aus dieser Verbindung von Erziehungsziel und Freiheitsstrafe ergibt sich die Grundaufgabe der Gefängnispädagogik: In dem doppelten Charakter der Freiheitsstrafe ist zugleich auch ihr doppeltes Ziel gegeben und in dieser Verknüpfung wird erst die geforderte pädagogische Bedeutung der Strafe ganz sichtbar.« [42]) In dieser Auffassung begegnen sich die Tendenzen der juristischen Arbeit am Erziehungsziel mit denen, die hier durch die Namen Koch und Liepmann leise angedeutet waren; diese letzten werden wir weiter unten bei einem der Mitarbeiter Bondys weit deutlicher ausgeprägt wiederfinden. Den Höhepunkt der Formulierungen von der rechtlichen Seite her bietet aber ohne Zweifel Ellger [43]), der das vorliegende Problem als überaus wichtig erkannt und als erster ganz grundlegend behandelt hat. Gegenüber der gegenwärtigen Verwirrung auf diesem Gebiet ist seine äußerst klare und eindeutige Auseinandersetzung die einzige, die bei völliger Einsicht in den Erziehungsgedanken die Kontinuität der nun einmal gegebenen Rechtssphäre zu wahren weiß. »Wir hatten anfangs die Erziehung definiert als die absichtliche, planmäßige Einwirkung des Erziehers auf den Zögling zum Zweck seiner Heranbildung zu einem in sich geschlossenen und gefestigten Charakter. Aus den bisherigen Ausführungen geht jedoch hervor, daß das Ziel der Erziehung im Strafvollzug nicht so weit gesteckt werden darf. Wohl handelt es sich auch hier um planmäßige Einwirkung, die Strafvollzugserziehung wird sich aber auf ein mehr äußerliches Endziel beschränken und sich, dem Strafzweck des Schutzes der Rechtsordnung entsprechend, begnügen müssen, daß der

Gefangene zu einem ordnungsmäßigen Leben in der Freiheit erzogen, daß er resozialisiert wird, da der Staat mit seinen Strafmitteln wohl die Beugung unter das Gesetz, nicht aber eine innere Umwandlung erzwingen kann. Nicht so sehr um die Moralität, als vielmehr um die Legalität handelt es sich im Strafvollzug.«[44]) Finkelnburg schließt sich diesen Gedankengängen sehr eng an, den Zweck des Jugendlichen-Strafvollzuges faßt er in der Aufgabe zusammen, den Gefangenen »zu einem sozial brauchbareren Glied der menschlichen Gesellschaft zu machen.«[45]) Fast wörtlich dieselbe Formel für das Erziehungsziel wie der preußische findet auch der bayerische Praktiker Dessauer: »die Gestrauchelten als künftige Träger des Staatsgedankens zu ordentlichen Gliedern der menschlichen Gesellschaft heranzubilden.« (Fritz Dessauer: »Die Jugendlichen im modernen Strafvollzug usw.«, Donauwörth o. J. (26?)).

Damit ist das wesentliche aus den Formulierungsversuchen der Juristen aufgeführt und gerade mit dieser letzten Zielangabe hinübergeleitet in eine fast unübersehbare Fülle von Feststellungen ähnlicher Art aus dem Kreise derjenigen Fachleute der Jugendwohlfahrt, die unter der Idee des Staatsbürgertums oder in liberalerer Wendung unter der vom Werte der menschlichen Gemeinschaft als solcher stehen. Hören wir zuerst einige Stimmen aus den Reihen der Sozialpolitiker. Kurt Blaum [46]) sagt: »Die Jugendwohlfahrtspflege hat ... das Ziel der Bewahrung jedes erzeugten Menschenlebens bis zur Volljährigkeit und, an ihrem Teil, der Heranziehung eines leistungsfähigen Nachwuchses jedes Volkes«. Sehr viel einfacher eine Vertreterin der Frauenbewegung [47]): »Es handelt sich doch um die Aufbauung des Charakters und um die Entwicklung gewerblicher Fähigkeiten«. Dazu noch eine Stimme aus der katholischen Caritas [48]): »Die Fürsorgeerziehung soll die Jugendlichen zu religiösen Menschen und zu nützlichen, arbeitsfähigen und arbeitsfreudigen Mitgliedern der menschlichen Gesellschaft ausbilden (...)«. Zum Teil fast gleichlautende Aufstellungen finden sich bei den eigentlichen Fürsorgepädagogen. Der gleichfalls katholische Jakob Hoffmann sagt in seinem vielgelesenen Buch (»Handbuch der Jugendkunde und Jugenderziehung«, Freiburg 1919), in dem er ein Kapitel der Fürsorgeerziehung widmet: »Derjenige, der sich um (sic) diese Jugend annimmt ... leistet ... der Allgemeinheit einen außerordentlichen wertvollen Dienst«. Viel klarer zu unserm Problem spricht der langjährige Leiter des Berliner Erziehungsheimes »Am Urban«, P. Louis Plass: »Erziehung zu selbständigen und gemeinnützigen Gliedern der menschlichen Gesellschaft«[49]). Er bezeichnet als die Absicht des Anstaltsstifters, des Staatsministers von Rother, daß durch den »sozialethischen Charakter« der Erziehung »zur Selbständigkeit und Gemeinnützigkeit oder Gemeinschaftstüchtigkeit« die Jugendlichen »wieder sozial brauchbar« gemacht würden (vgl. dazu das Zitat von Ellger!). An anderen Stellen wird das Ziel noch einmal in »kraftvollen, selbständigen Persönlichkeiten« und »brauchbaren Gliedern der bürgerlichen Gesellschaft« gesehen[50]).

Auch ein so feinsinniger und erfolgreicher Anstaltspädagoge wie der Psychoanalytiker Aichhorn weiß als Aufgabe seiner Erziehung nichts anderes zu nennen als die Behebung der »Dissozialität«. »Unsere Aufgabe ist es, unsere Schützlinge erleben zu lassen, daß ein höheres Gesamtergebnis an Lust im sozial gerichteten Leben zu finden ist«[51]). Freilich soll man vom Psychologisten keine normativen Setzungen erwarten. Auch sein neues Buch[52]), das nach Anlage und Absicht durchaus neben die programmatischen und kompendiösen Veröffentlichungen der verschiedenen an der Fürsorgeerziehung beteiligten Gruppen in den allerletzten Jahren (Beeking und Steinwachs-Backhausen-Voigt für den konfessionellen, Gregor für den psychiatrischen und Wilker für den von der Jugendbewegung getragenen Zweig) zu stellen ist, bringt nichts wesentliches darüber hinaus. Zwar wird einleitend sowohl von ihm als auch von Sigmund Freund mit hinreichendem Nachdruck betont, »daß die Erziehungsarbeit etwas sui generis ist, das nicht mit psychoanalytischer Beeinflussung verwechselt und nicht durch sie ersetzt werden kann. Die Psychoanalyse des Kindes kann von der Erziehung als Hilfsmittel herangezogen werden. Aber sie ist nicht dazu geeignet, an ihre Stelle zu treten«. (Vgl. auch S. 30 ff.). Doch bleibt es bei dieser Ehrenerklärung für die Pädagogik durchaus; die eigentliche, materiale Bestimmung des Erziehungszieles — wenn das folgende so zu benennen erlaubt ist — erfolgt doch wieder aus psychoanalytischen Gedankenkreisen heraus im engsten Anschluß an die oben wiedergegebene Fassung. »Wie in der psychoanalytischen Arbeit muß es uns ebenfalls (in der F. E.) gelingen, den Zögling ... zu einer ganz bestimmten Leistung zu nötigen. Wir kennen diese Leistung bereits. Sie besteht in einer wirklichen Charakterveränderung, im Aufrichten des sozial gerichteten Ichideals, das heißt, im Nachholen jenes Stückes der individuellen Entwicklung, das dem Verwahrlosten zur vollen Kulturfähigkeit gemangelt hat«[53]). Auch der Psychiater Gregor bringt keine Erweiterung darüber hinaus: »Allgemein muß als Ziel, welches die Fürsorgeerziehung anstrebt, gelten, das Individuum sozial zu gestalten, d. h., es soll unter den komplizierten Bestimmungen des gewöhnlichen Lebens unwandelbar eine moralische Laufbahn verfolgen«[57]). Aber auch in seinem neuen Buche[57a]), das ebenfalls ganz betontermaßen in systematischer Absicht geschrieben ist, ist nicht mehr, in Wahrheit noch weniger, über die Frage des Erziehungszieles gehandelt. Seine Absicht umschreibt er so: es »soll versucht werden, Wege zu weisen« »zu einer geistigen Durchdringung der Erziehungsanstalten, die nicht überall noch den Anschluß an die Wissenschaft gefunden haben«. Diese Wissenschaft erschöpft sich aber in Statistik, Psychologie und Psychiatrie[57b]); die Pädagogik wird lediglich als Kunstfertigkeit behandelt. So stammen denn auch alle Angaben, die für eine Zielbestimmung gelten könnten, gleichzeitig aber auch ebenso gut als Mittel wie als Motiv gedacht sind, ausschließlich aus dem Schatze pädagogischer Erfahrung: Es muß befremdend wirken, wenn gerade Gregor der Ordnung, Regelung des Lebens, Arbeit, Wertbildung im Zögling usw. die Zielbewußtheit der ganzen Erziehungsarbeit voranstellt. Man kann sich von der Art der hier empfohlenen Zielbewußtheit keine allzu günstige Vorstellung machen, wenn der inhaltlichen Darstellung dieses Zieles in keiner Zeile des Buches Erwähnung getan wird. An seine Stelle tritt wie auch anderswo in der Fürsorgepädagogik (vgl. z. B. Walter Hermann a. a. O.) die »pädagogische Atmosphäre«; damit sind dann, statt, wie bei Aichhorn, einem psychologischen Moment, nunmehr einem soziologischen die Funktionen der Norm übertragen, was keineswegs deswegen allein erträglicher ist, weil es sich (in der »pädagogischen Atmosphäre«) um ein gesellschaftliches Beziehungsverhältnis wirklich pädagogischer Natur handelt.

Den Abschluß dieser Reihe mag eine Äußerung des Süddeutschen Hans Weiker bilden, die dieser in einer sehr einsichtigen und verständnisvollen Abhandlung [54]) getan hat: »Jede Jugendfürsorge hat zu erstreben... möglichst vielen von der Jugendnot bedrohten Kindern und Jugendlichen zu helfen, noch wertvolle oder doch erträgliche [55]) Mitglieder der menschlichen Gesellschaft zu werden«. Nur noch teilweise gehört in diesen Rahmen die Ansicht von Moll (Landau-Queichheim), bei der er sich auf Kerschensteiners Arbeiten bezieht: »Erste und vordringlichste Aufgabe ist die Berufsbildung oder doch wenigstens die Vorbereitung auf den Beruf«. »Man sehe dann auch darauf, daß der Beruf eine religiöse Weihe empfängt« [56]). Mit diesen Forderungen steht der katholische Moll wieder in der Nähe unseres Würmeling-Zitates, und damit gelangen wir in das Gebiet der Idealbildung vom religiösen Standpunkt aus.

Es bedürfte einer besonderen historischen Untersuchung [58]), den Anteil der Caritas von dem der Inneren Mission an der Bildung eines Erziehungsideales für die Jugendfürsorge vom religiösen Standpunkt aus zu scheiden und zu bewerten. Nach dem bisher vorliegenden Material scheint mir der Erziehungsarbeit der Inneren Mission in dieser Hinsicht die größere Bedeutung zuzukommen. —

Doch sei hier zuerst mit den katholischen Feststellungen begonnen. Es wird von seiten der Caritas selbst auf die Literatur zur Anstaltspädagogik im allgemeinen verwiesen; da diese aber für unser Problem nahezu keine über allgemeinste Andeutungen hinausgehende Bearbeitung in die Wege geleitet hat [60]), so sind wir auf die spärlichen Zeugnisse der engeren Fachleute angewiesen. Pater Esser, einer der erfolgreichsten katholischen Anstaltsleiter, beschränkt sich auf den Hinweis: »Auch das staatsbürgerliche Erziehungsziel ist ohne die Mächte der Religion nicht erreichbar« [61]). Damit steht er in der Nähe der Äußerungen Würmelings und Molls. Es nimmt wunder, daß das religiöse Moment stets nur in der Verquickung mit dem staatsbürgerlichen auftaucht bei einer Gruppe, deren Weltanschauung sonst völlig unter der Präponderanz des Kirchlich-Religiösen steht. Das letzte wird deutlich allein bei Pfarrer Becker-Rheindalen [62]): »Religion ist im Erziehungswerk notwendig, sie ist Erziehungsziel und Erziehungsmittel.

Die Erziehung muß den ganzen Menschen erfassen, muß ihn fähig machen, seine ganze Bestimmung zu erreichen, muß daher außer dem natürlichen Lebensziel auch das übernatürliche fest im Auge behalten: Die ewige Vereinigung der Menschenseele mit Gott, welche durch ein Leben mit Gott verdient werden soll. Die Religion ist die höchste Lebensaufgabe, daher auch das vornehmste Erziehungsziel. Eine Vernachlässigung der natürlichen Lebens- und Erziehungsziele ist dadurch nicht bedingt . . .«. Eine Kundgebung der vereinigten konfessionellen Fürsorgeerziehungsverbände [63]) verwischt die hier erreichte Klarheit wieder, indem sie die Religion vom Ziel zum Mittel herabsinken läßt. Unsere »Erfahrungen gipfeln in der Überzeugung, daß das Ziel der Erziehung nur die von ihrem Gewissen geleitete sittliche Persönlichkeit sein kann und dieses Ziel nur durch die umgestaltenden und sittlich aufbauenden religiösen Kräfte einer konfessionellen Erziehung zu erreichen ist«.

Diese gemeinsame interkonfessionelle Formulierung mag uns nun zu den Erziehungsidealen hinführen, die aus der protestantischen Rettungshausarbeit hervorgegangen sind. Dabei können wir die immerhin nicht unbeträchtliche Leistung vor dem Eintritt Wicherns in diesen Zweig der evangelischen Anstaltserziehung für unseren Zweck außer acht lassen. Leopold Zscharnack, der Breslauer Kirchenhistoriker, hat in einer äußerst gehaltreichen und lichtvollen Arbeit [64]) nachgewiesen, daß unsere heutige Fürsorgeerziehung ihre Wurzeln unmittelbar nur bis auf Wichern zurückverfolgen kann. Wicherns Definition der Rettungsanstalten als »Häuser oder Anstalten, die . . . sich die Rettung derjenigen, die von allen übrigen Erziehungsinstanzen (. . .) zurückgewiesen oder aufgegeben sind, zur Lebensaufgabe machen«, zeigt, daß die Arbeiten Pestalozzis, Francke s, des Grafen von der Recke-Volmarstein, vor allem die Falks [65]) u. a.[67]) nur mittelbaren Bezug haben auf das, was wir heute als Fürsorgeerziehung zu bezeichnen gewohnt sind. Wichern selbst hat nun sein Erziehungsziel nie eindeutig formuliert, und trotzdem wird wohl bei keinem anderen protestantischen Fürsorgeerziehungspädagogen eine größere Übereinstimmung der Historiker in bezug auf die Klarheit seines Ideals einhellig aufzufinden sein. Gerhard Teichmann [66]) bezeichnet es als die »Erziehung des Menschen zur autonomen lebensvollen Persönlichkeit«. Wobei aber nicht zu vergessen ist: »Wahre Bildung ist christliche Charakterbildung«, da für Wichern »alle Bildung überhaupt und die Gemütsbildung insbesondere auf dem Glauben ruht«. Von Wicherns eigenen Worten sei hier einiges aus der Frühzeit seiner Wirksamkeit, aus den Tagen vor und kurz nach der Begründung des Rauhen Hauses angeführt; in diesen Jahren war Wichern mehr als später, wo die Fülle praktischer Arbeit wenig Reflexion über sie zuließ, zum Zwecke der Werbung und der Entwicklung des eigenen Aufbauplanes genötigt, die theoretischen Fragen der Rettungsarbeit zu durchdenken und zur Darstellung zu bringen. Die sicherste Quelle sind hier nicht die von Wicherns Sohn Johann besorgten Bd. V und VI der Werke (gesammelte Schriften), sondern die Original-»Berichte über das Rauhe Haus«, die die Gründungs- und Jahresberichte aus Wicherns Feder unverkürzt darstellen. In den Propositionen vom 8. XI. 1832 heißt es: »Die Rettungsanstalt hat zur Absicht, verwahrlosten Kindern (...) bis zur Konfirmation eine Zuflucht und diejenige Erziehung zu gewähren, welche die Stelle der elterlichen Fürsorge so viel als möglich vertreten soll«. Wie diese Ersatzerziehung an Stelle der Familie — ein Gedanke, den er zum System erhob, dessen Anwendbarkeit aber heute keineswegs mehr unbedenklich ist — [68]) des näheren gemeint ist, ergibt sich aus der folgenden Stelle, die zu den prägnantesten seiner Äußerungen zum Thema gehört: »Sie (die Anstalt) ist kein Waisenhaus, keine Armenschule, keine Strafanstalt für jugendliche Verbrecher, keine bloße Herberge für bettelnd umherschweifende Kinder; auch das nicht verwaiste Kind, den Einflüssen einer entschieden verderblichen Umgebung durch den liebevollen Ernst einer christlichen Hausordnung, nicht bloß vorübergehend zu entreißen, die Kräfte eines neuen Lebens, mit dem Evangelium, nicht an die Strafe, sondern an die Vergebung und den Entschluß fortschreitender Besserung zu knüpfen, ist die Aufgabe einer Anstalt, welche die Abhilfe äußerer Not lediglich als das Mittel zu einem sittlichen Zweck betrachtet«. Die wahrhaft klassische Formulierung nicht so sehr eines ausgesprochenen Erziehungsideals als des Zweckes einer Fürsorgeerziehung aus religiösem Geiste! Obwohl sie am Anfang einer nunmehr fast hundertjährigen Entwicklung steht, ist die schlichte Genialität, mit der sie den Nagel auf den Kopf trifft, nicht mehr erreicht, geschweige denn überholt worden [69]).

Mit diesen — im Hinblick auf Wicherns Bedeutung — kurzen Andeutungen über ihn wollen wir uns an dieser Stelle begnügen, um nun gleich denjenigen unter den gegenwärtigen Fürsorgeerziehungsmännern der evangelischen Kirche sprechen zu lassen, der das vorliegende Problem außerordentlich gründlich in immer wiederholten Wendungen behandelt hat. Backhausen sagt vom Fürsorgeerzieher: »Er kann diese Verantwortung nur tragen, wenn er klar erkannt hat, zu welchem Ziel er die Kinder führen muß, und wenn er von der Wahrheit und dem Wert des Zieles überzeugt ist«. Er »kann sich das Erziehungsziel nur von der sein eigenes Leben beherrschenden Frömmigkeit geben lassen. Glauben ist das Eigentümliche dieser Frömmigkeit und darum ist ihm die Erweckung des Glaubens Endzweck der Erziehung. Glauben im evangelischen Sinne heißt, durch Christus Gemeinschaft mit Gott haben. Diese Gemeinschaft ist ihm höchstes Gut. Alle anderen Güter sind ihm untergeordnet. In der Gemeinschaft mit Gott erlebt der Mensch, was der Seele Ruhe gibt ... und auch, was die Seele in Bewegung setzt, den Trieb zu guten Werken, Nächstenliebe. — Dieser Glaube ist ein absolutes Lebensziel« [70]). Auf dem allgemeinen Fürsorgeerziehungstag in Bamberg hat Backhausen das evangelische Erziehungsideal neuerlich so ausgesprochen: »Erziehung zur bewußten und gewollten Persönlichkeit. Wir wollen unsere Zöglinge dahin bringen, daß der lebenswichtigste Faktor in ihnen, das Gewissen, zum sittlichen Motor wird, daß sie in den Regungen des Gewissens übernatürliche Regungen erkennen und sich dadurch bestimmen lassen, ihrer Würde als Persönlichkeit bewußt zu werden und diese Würde zu wahren sowohl in ihrer individuellen Lebensführung als auch in ihrer sozialen Betätigung innerhalb der menschlichen Gemeinschaft [71])«. Bei Backhausen taucht unverkennbar und, wie ich glaube nachweisen zu können, ursächlich mit dem weiter unten zu Besprechenden verknüpft, ein Element in besonderer Deutlichkeit auf, das auszubilden und zum Kerngedanken des Erziehungsideals zu machen einer anderen Gruppe vorbehalten blieb: Das Bewußtsein der persönlichen Würde. Dieses Element ist so, wie es hier dargestellt ist, nicht heimisch in der christlichen Weltanschauung, sondern aus Humanität und politischer Ideologie der Demokratie und ihrer geschichtlichen Entwicklung entstammend, nur von ihr als verwandt empfunden und assimiliert worden (wie das Ernst Troeltsch nachgewiesen hat)[72]). Auch die letzte, wohl als »amtlich« anzusprechende Veröffentlichung der Inneren Mission[73]) zum Thema erreicht die Höhe und Ausdrücklichkeit der Backhausenschen Aufstellungen nicht. Der einleitende Abschnitt Lic. Steinwegs spricht sehr allgemein von einem von seiten der Kirche der Jugend zu leistenden Dienst, »zu ihrem ewigen Heil, zu ihrer religiösen und sittlichen Förderung, aber auch zu ihrer seelischen und körperlichen Entwicklung«. Die Ausführungen des Fachreferenten für die Fürsorgeerziehung, des Pastors Voigt, gehen zwar auf den von Wichern betonten Bewahrungsgedanken zurück: »Der Zögling soll vor dem bewahrt werden, was sein Leben mit einem Makel bedecken könnte« (S. 50 ff.), zeigen aber in ihrem positiven Versuch einer Bestimmung, daß die Frage nach dem Ziel der Erziehung ihrem Verfasser kaum den Mittelpunkt seiner Bemühungen bedeutet haben wird: »Er soll durch eine gute Erziehung in den Stand gesetzt werden, daß er die rechte Einstellung zum Leben und zugleich die Kräfte gewinnt, durch welche sein Leben eine gesunde Entwicklung nehmen kann.« Man ist versucht, zu behaupten, daß eine religiöse Begründung des Erziehungszieles weit klarer zum Ausdruck kommt in den Ausführungsanweisungen des Preußischen Wohlfahrtsministeriums[74]) als in diesem Spezialaufsatz eines Fachmannes der inneren Mission; dort heißt es: »Nachhaltiger Erfolg ist nur dann zu erhoffen, wenn es gelingt, den Jugendlichen auch innerlich zu festigen, seinen Willen auf das Gute zu lenken und zur Selbsterziehung anzuleiten. Diese schwierige Aufgabe setzt Erzieher voraus, die mit der erforderlichen Seelenkunde und Erfahrung warme Liebe und unermüdliche Geduld verbinden. Erleichtert wird sie, wo Erzieher und Zögling in der Religion Erhebung des Gemütes und sittliche Stärkung zu finden wissen.«

Wenden wir uns nun einer Reihe von Erscheinungsformen des Erziehungsideals in der Jugendfürsorge zu, die das in den Ausführungen Backhausens nicht als unbedingt original empfundene Element seiner Zielsetzung besonders hervorheben.

Zunächst erscheinen die Träger dieser Erziehungsidee sich kaum zu einer innerlich gebundenen Gruppe zusammenfügen zu lassen. Zu ihr gehört das merkwürdig enthusiastische Buch [75]) des Wirklichen Geheimen Admiralitätsrates Dr. Felisch; in ihm finden wir folgende Zielforderungen: »Es gilt, nicht nur körperlich wohlbehaltene Jungmannen und Jungmädchen heranzuziehen, auch die Schaffung eines geistigen Neudeutschlands ist unsere Pflicht«. Oder: ». . . Erziehung . . . zu einer echten Menschenliebe.« Am schönsten findet seine Stellung aber ihren Ausdruck in einem von ihm angeführten Zitat aus Walter Rathenaus »Von kommenden Dingen«: »Wir sind nicht da um des Besitzes willen, nicht um der Macht willen, auch nicht um des Glückes willen, sondern wir sind da zur Verklärung des Göttlichen aus menschlichem Geiste [76]).« Bei dem schon einmal angezogenen Hans Weiker [77]) heißt es auch: »Das Ziel ist: selbstverantwortlich in der Gemeinschaft leben«, oder: »Ein anderer Mensch« muß es heißen für Erzieher und Zögling. »Das Alte ist gewesen, vorwärts leben!« Heiner Lotze [78]) sagt nach einer Skizzierung des evangelischen Erziehungszieles: »Die staatlichen Anstalten stellen als das ihre auf: Soziale Brauchbarkeit. Beide — gemeint ist das konfessionelle und das sozialutilitarische — können uns nicht genügen; das unsere ist: Schulung fürs Leben. Das schließt in sich sowohl die soziale Brauchbarkeit als auch die Wertung und Heranbildung des Zöglings zur Persönlichkeit.«

Weit deutlicher tritt das dieser Gruppe gemeinsame Moment schon bei dem Casseler Stadtrat Haarmann [79]) hervor: »Als Freunde der Jugend haben wir in unserer Arbeit nicht nur nach der sozialen Brauchbarkeit, sondern auch darnach zu fragen, ob und wie der Jugendliche zur Entwicklung aller seiner Anlagen, zur Harmonie seiner Eigenschaften und zu ihrer Festigung, zur Einheitlichkeit seiner Persönlichkeit, zur Erfüllung seiner Glücksmöglichkeiten gelangen kann« (S. 128). In welchem Sinne das gesagt ist, ergibt sich aus weiteren Sätzen, die, zwar nicht unmittelbar auf das Erziehungsziel bezogen, dies doch außerordentlich viel konkreter erscheinen lassen als die oben angeführte Stelle: »Und doch gibt es noch eins, das mehr ist als alles theoretische Wissen — das ist das schlichte Helfen einer wahren Persönlichkeit, das einfache Sagen zu dem Gefährdeten: Ich will Dir beistehen; ich will Dein gehetztes und gejagtes Leben mit Dir tragen; ich will Dir helfen, daß Du aus Deiner Friedlosigkeit auf den Weg gelangst, der auch Dich zu einem Glücke führt. — Eine solche Einstellung ist im tiefsten Sinne religiös. Solche religiöse Helfernaturen haben wir, Gott sei Dank. Schon heute wirken sie oft an verborgener Stätte Großes. Daß es aber überhaupt solche begnadeten Naturen gibt, das trägt unsere Hoffnung in dieser schweren Arbeit.« (S. 130). Diese Klänge sind geeignet, uns die weiter oben angedeutete Stellungnahme zweier Juristen, Kochs und vor allem Liepmanns, ins Gedächtnis zu rufen, deren innere Verwandtschaft zu der hier umrissenen Gruppe nun hervortritt, während sie im Zusammenhange der Feststellungsarbeiten von rein rechtlicher Seite aus dem Rahmen zu fallen schienen.

Der Titel der Wilkerschen Schrift »Fürsorgeerziehung als Lebensschulung«[80]) zeigt die Verwandtschaft H. Lotzes und Haarmanns mit Karl Wilker. Bei seiner durchaus künstlerischen Weise des Ausdrucks ist es nötig, mehrere Stellen zu zitieren: »Aus diesem Material (gemeint sind FZ.) nichts mehr zu machen, aus Menschenpuppen wahre Menschen werden zu lassen, das war mein Sinnen und Trachten«. »Zu solchen neuen Menschen aber mußten . . . die Jungen werden. Wohlgemerkt: Sie mußten und sollten nicht etwa zu neuen Menschen werden. Alles, was nötig war und nötig ist, war und ist die stete innere Neu-Werdung, die eigentliche tiefste Menschwerdung.« »Wir aber wenden uns bewußt dem Leben zu. Wir wollen nicht Potemkinsche Dörfer mit Marionettenmenschen vorgaukeln. Wir wollen nicht auf einer Insel der Glückseligen auf irgendeine Verheißung warten. Unsere Jungen und Mädel müssen ins Leben wieder hinein mit all seinen Tiefen und Höhen. Wir können sie nicht dauernd umhegen und umfriedigen. Aber wir können ihnen immer von neuem und immer neue Wege zeigen, ihr und anderer Leben zu veredeln und zu verschönen. Und wir können sie wissen und empfinden lassen, wie aus gemeinsamem Erleben gemeinsames Leben wird und damit eben: Gemeinschaft. Wir wissen oder glauben zumindestens zu wissen, daß wir dadurch den Menschen bis ins Letzte erschüttern, ihn aufbrechen können, ihn empfänglich machen können für die neue Saat.« Das erinnert an Kerschensteiners Terminus von der »Aufwühlbarkeit« des Charakters[81]). Jede Erziehung muß »zum Leben hin und nicht vom Leben wegführen«. »Der 'Lindenhof' (Wilkers Anstalt) war ein Keim zur Verwirklichung der Menschenbrüderschaft, war ein Keim zu einer Menschengemeinschaft, war eine Zelle im wiedererstehenden Menschenorganismus«. »Und eben dieser sieghafte Glaube an ein anderes Werden läßt es berechtigt erscheinen, hier neue Richtlinien für die Fürsorgeerziehung zu weisen, die nicht mehr Strafe, Sühne, Schulersatz oder ähnliches sein will, sondern nur: Lebensschule oder Lebensschulung. Sie stellt nicht enge Ziele mehr, sie will weder den klugen, noch den geschickten Mann, die fleißige, noch die treue Frau, sie will nicht den Staatsbürger, gleich welcher Schattierung. Sie will nur noch den Menschen in seiner vollen Totalität. Dieser Mensch wird aber frei sein von den Eingeengtheiten, unter denen heute der leidende Mensch geboren wird. Es ist möglich, daß nur tiefes Leid uns zu erlösen berufen ist, daß nur in ihm die Möglichkeit zum Neugeborenwerden liegt. Fliehen wir es, so geht uns auch dieses Neugeborenwerden verloren«. Erst diese dithyrambische Dichtung zum Thema »Fürsorgeerziehung« läßt den Sinn der vorhergehenden Äußerungen dieser Gruppe voll ahnen und zeigt ihre Zusammengehörigkeit [81]). Ich möchte sie als die der Lebenserneuerung bezeichnen, wenn anders unter diesem Wort nicht sowohl eine Reform des Milieus, als eine Erneuerung gerade des Lebensträgers ins Auge gefaßt wird.

## b) Typologie.

Es entsteht nun die Aufgabe, diese Fülle, Mannigfaltigkeit, Verwandtschaft und Gegensätzlichkeit in den Erscheinungsformen des Erziehungsideales in der Jugendfürsorge zu ordnen und als ein übersichtliches Gebiet darzustellen. Unserem Versuche zur Lösung dieser Aufgabe sind aber notwendig einige kurze Bemerkungen methodologischer Art vorauszuschicken. Wir haben uns im Vorangehenden nicht ohne Absicht auf die literarisch fixierten Feststellungen eines Erziehungsideales beschränkt, da ihr Inhalt wenigstens relativ eindeutig und unzweifelhaft aufzuweisen ist. Nun ist es aber selbstverständlich, daß damit keineswegs alle tatsächlich bestehenden und wirksamen Zielsetzungen zu Gehör gekommen sind, denn nur der weitaus kleinste Teil unserer Fürsorgeerzieher — und es brauchen keineswegs immer die besten zu sein — hat sich literarisch betätigt. Dagegen ist aber anzunehmen, daß besonders typische Formen uns nicht entgangen sind, da in jeder Gruppe analoger Ideale voraussichtlich wenigstens eine Formulierung auch publiziert sein dürfte. Dieser Tatbestand läßt zwei Folgerungen deutlich werden: Einmal geht aus ihm die Forderung, zu einer Typologie zu gelangen, besonders eindringlich hervor (um der Vollständigkeit willen), zum andern aber wird evident, daß der vorliegenden Aufgabe nur dann Genüge geleistet werden kann, wenn die Kenntnis der tatsächlichen Abhängigkeit der Praxis von den theoretischen Forderungen der Arbeit zugrunde liegt. Das Wissen um den Zusammenhang der faktischen Erziehungsarbeit mit der theoretischen, das heißt, die Wertung der Beziehung von unausgesprochenen, wirksamen Erziehungszielen zu den ausgesprochenen und »idealisierten« Erziehungsidealen, die für die schließliche Gestaltung jedoch nur von geringster Bedeutung sind, die Erkenntnis der »Mächtigkeit« der literarisch zu erfassenden Ideale ist eine conditio sine qua non für das Gelingen einer Typologie. Zudem ist aber noch darauf hinzuweisen, daß eine Gliederung des vorliegenden Materials dann nicht ausreichend sein dürfte, wenn sie sich lediglich auf das von den Verfassern Intendierte und die Scheidung und Gruppierung ihrer Meinungsinhalte gründete [83]). Bei der außerordentlichen Verquickung der einzelnen Zielelemente und den sehr oft sehr ähnlichen Formulierungen ist ohne einen Rückgang auf die den Idealen zugrunde liegenden geistigen Strukturen ihrer Schöpfer, mögen es Personen oder soziale Gruppen sein, nicht auszukommen [84]).

Zu Beginn unserer Erörterung ist darauf hinzuweisen, daß die Skizze einer solchen Arbeit schon bei Backhausen [85]) vorliegt. Er kommt da allerdings mehr auf Grund einer Untersuchung der Erziehungsmotive als der Ideale zu vier Typen: 1. Der erotische (entschiedene Reformer), 2. der sozialistische, 3. der humanitäre, 4. der konfessionelle. Unsere Stellungnahme zu dieser Systemandeutung ergibt sich aus dem folgenden Versuch ohne weiteres.

Weit mehr erfordert m. E. der erst jüngst von Herbert Francke (Zeitschrift für Kinderforschung a. a. O.) gemachte Versuch hier unsere Aufmerksamkeit. Zwar ist seine Absicht der Typenbildung mehr psychologisch bedingt, es soll die »Einstellung« des »Erziehers« in der Jugendfürsorge herausgehoben werden, gleichzeitig soll aber die hier gewonnene Erkenntnis die Frage nach dem Erziehungsziel beleuchten; er glaubt da zwei Hauptgruppen mit je einem begrenzten und einem umfassenden Ziel scheiden zu sollen, etwa dem der »Legalität« und »Moralität« (Termini Ellgers). Das ist die Frage, ob der verwahrloste Jugendliche allein zu gesetzmäßigem Verhalten oder darüber hinaus zu sittlicher Gesinnung und Haltung erzogen werden solle und — im Hinblick auf den Sinn der Rechtsstrafe e. g. — dürfe. Daher will Francke auch in dem Gegensatz der beiden Erziehungsziele, den Gegensatz der politischen und sozialen Einstellung wiedererkennen (S. 198). Es soll hier natürlich nicht geleugnet werden, daß die Möglichkeit einer Herausstellung dieser beiden Typen gegeben ist; fraglich bleibt jedoch, ob sich eine derartige Scheidung für eine umfassende Untersuchung empfiehlt. Der entscheidende Einwand liegt darin, daß dabei notwendigerweise die Zusammenhänge zwischen den historischen Gesellschaftsgruppen und der ihnen entsprechenden Weltanschauung einerseits und den Idealbildungen andererseits übersehen werden müssen, daß die geistesgeschichtliche Anleitung zur Auffindung der Typen einer rein psychologischen weichen muß, die zu der Annahme verleiten kann, es läge nur in der seelischen Struktur eines Individuums oder gar seiner willkürlichen Entscheidung begründet, welches der Ziele für es und seine Arbeit Gültigkeit haben solle. So läßt denn in der Tat schon unsere oben gegebene Materialsammlung durchaus den Schluß zu, daß die beiden von Francke bezeichneten Einstellungen bei den Vertretern aller in Frage kommenden gesellschaftlichen Gruppen möglich sind und auch vorkommen. Es wird sich sogar ferner im folgenden herausstellen, daß diese Doppeleinstellung keineswegs eine sprengende Kraft für den Zusammenhalt von Typen besitzt, die selbst der Tendenz ihre Entstehung verdanken, an Stelle jener stark formalen Gruppierung eine nach Möglichkeit inhaltlich bestimmte zu setzen. In dieser Richtung führen uns dann auch die Bemerkungen weiter, die Walter Hermann jüngst zu den »Problemen der Fürsorgeerziehung« gemacht hat (Zeitschrift: »Die Erziehung«, Jahrg. I, S. 268, Leipzig 1926; vgl. Jahrg. 2, S. 171). Auch Hermann greift nicht die Frage nach dem Erziehungsideal der einzelnen an der Fürsorgeerziehung beteiligten Gruppen explizit an, doch glaubt er die gesamte Anstaltsarbeit in zwei große Zweige teilen zu können, den freien (akonfessionellen) und den konfessionellen. Er bestimmt diese Scheidung näher dahin, daß beide Benennungen keineswegs mit dem Begriffspaar unreligiös-religiös vertauscht werden könnten, sondern im Gegenteil die freien Anstalten den konfessionellen gegenüber eine besondere Gruppe darstellen gerade durch ihre eigentümliche Religiosität, die eben nur nicht traditionsgebunden im Sinne »einer der herrschenden Kirchen« sein kann. »Zweifellos ist auch für die konfessionellen Heime — wie etwa für Wichern und die andern großen Männer unserer Arbeit — das Ziel die »christliche Persönlichkeit«, — kann es aber nicht in jener Geschlossenheit und Eindeutigkeit sein, wie wir es dort finden, nicht so klar greifbar, nicht so leicht auch den Jüngeren und Primitiveren vor Augen zu stellen.« Der verdienstvolle Mitarbeiter Wilkers und jetzige Leiter eines staatlichen thüringischen Erziehungsheimes übersieht m. E. bei dieser (seine eigene Gruppierung im Grunde wieder aufhebenden) Inein setzung der Erziehungsziele zweierlei. Einmal ist die von ihm gemeinte und auch näher bezeichnete Religiosität keine Religion im Sinne eines objektiv-institutionellen kirchlichen Denkens. (Der Verfasser hat diesen Fragenkomplex nicht endgültig geklärt, insofern er nämlich eine akonfessionelle Religion postuliert, ohne sich darüber Rechenschaft zu geben, daß alles konfessionelle Denken mit innerer Notwendigkeit — und wahrscheinlich auch mit einiger objektiver Berechtigung — einer nicht kirchlich gebundenen, also konfessionellen Religiosität niemals das Prädikat »Religion« wird zugestehen können. Es fehlt also mithin seiner Antithese der gemeinsame Beziehungspunkt, seinem Vergleich das tertium comparationis, wenn anders nicht die Berechtigung des konfessionellen Standpunktes angezweifelt werden sollte.) Zum anderen aber unterliegt es gar keinem Zweifel, daß eine ganze Reihe von Neugründungen »freier« Anstalten zu dem ausgesprochenen oder stillschweigend intendierten Zwecke geschehen sind, die religiöse Erziehung oder eine ihr entsprechende Zielsetzung überflüssig zu machen. Und gewiß ist diese Absicht überall da am gründlichsten erreicht worden, wo man die Religion nicht grundsätzlich von aller Mitwirkung bei der Erziehung ausschaltete, sondern sie einfach zu den pädagogischen Adiaphora rechnete. Wir greifen unseren eigenen Gedankengängen voraus, wenn wir uns zu der Annahme berechtigt glauben, daß Hermann diese Tatsachen deswegen übersehen mußte, weil für ihn, der aus dem Zusammenhange der Jugendbewegung kommt, das Religiöse im Erziehungsideal bereits wieder eine Selbstverständlichkeit darstellt. (Für eine nähere Bestimmung des hier gemeinten »Religiösen« müssen wir auf einen späteren Zusammenhang verweisen.)

Der bedeutsamste Beitrag, den die Arbeit an der Typologie der Jugendfürsorge im vergangenen Jahre gezeitigt hat, ist aber zweifellos Hermann Nohls Vortrag über »Die geistigen Energien der Jugendwohlfahrtsarbeit« (ebenfalls in der »Erziehung«, Jahrg. 1, S. 321). Nohl läßt keinen Zweifel darüber aufkommen, daß er unter »Energien« nicht etwa wie Francke psychische Faktoren versteht, die überall da mit Notwendigkeit am Werke sind, wo Jugendwohlfahrtsarbeit geleistet wird, ganz gleich unter welchen individuell-historischen Bedingungen, sondern ganz im Gegensatz dazu: »Die oberste Instanz, von der ich am Ende meine letzte Weisung zu entnehmen habe, die meine Arbeit richtet und meine innerste Haltung bestimmt«. »Die oberste Instanz« oder zunächst richtiger: die obersten Instanzen, denn es »scheint sich die ganze Gegensätzlichkeit unseres Daseins in der Jugendwohlfahrtsarbeit geradezu zusammenzudrängen« und Nohl deckt diese Instanzen auf dem Wege eines geistesgeschichtlichen Rückblickes über die Gegenkräfte auf, die »diese Not in ihrer ganzen konkreten Gestalt« wachgerufen hat, um schließlich »in einer gemeinsamen Grundhaltung« der einzelnen spannungsreichen Typen das Erziehungsideal selbst zu finden. Die geschichtlich-gesellschaftlichen Bewegungen, die diese »Energien« bilden, sind schnell genannt: »die sozialistische, die Innere Mission, die Frauenbewegung, die Sozialpolitik, die Jugendbewegung und die pädagogische Bewegung«. »Hingabe an den Einzelnen« ist die ihnen allen gemeinsame »wahre Grundlage«. »Diese Hingabe aber hat ein eigenes Ziel«: »Mensch sein dürfen«, »den Glauben an eine reinere Menschheit«, »das Menschentum im Menschen«, »Humanität«. »Die Jugendwohlfahrtsarbeit ist Diakonie im Dienste dieser neuen Humanität, dieses neuen personalen Lebens.« So richtig die vorhandenen Typen gesehen und so restlos sie herausgearbeitet sein mögen, so gibt doch schon Nohl selbst Hinweise für eine zahlenmäßige Reduktion; die Frauenbewegung »kam geistig aus dem Liberalismus«, die Sozialpolitik will

»staatsbürgerliches Bewußtsein« das es nur auf dem Boden eines demokratisch gestimmten Liberalismus gibt. Die pädagogische Bewegung wird nur im Zusammenhange mit der Jugendbewegung entwickelt, deren beider »wesentlichster Zug ein neues Gemeinschaftsbewußtsein ist«. Und es ist bezeichnend, daß auch am Sozialismus in der Hauptsache »dieses Gemeinschaftsbewußtsein« von der Solidarität aller arbeitenden Menschen, die ihre Vereinzelung überwindet«, und »das Recht des Menschentums jedes einzelnen« herausgehoben wird. Neben diese beiden großen im Liberalismus und in einem neuen Gemeinschaftsbewußtsein gründenden Gruppen tritt dann die Innere Mission als eine dritte sui generis. — Die Frage, ob nun die »Humanität« tatsächlich die diesen Dreien »gemeinsame Grundhaltung« sei, oder ob nicht vielmehr der Wunsch, ein solches gemeinsames schon am Werke zu sehen, des Gedankens Vater ist, kann an dieser Stelle der Untersuchung noch nicht entschieden werden.

Jedenfalls zeigt aber die Fruchtbarkeit der Nohlschen Gedankengänge, daß der von ihm eingeschlagene Weg zur Typenbildung für die Kräfte und Ziele in der Jugendfürsorge der erfolgversprechendste ist. So gedenken auch wir ihm auf diesem Wege zu folgen.

Es wird daher im folgenden stets zu beachten sein, daß die Typologie nicht als ein Versuch anzusehen ist, ein Schema zeitlos gedachter Konstruktionen aufzustellen, sondern im Gegenteil beabsichtigt, die Fülle der zeitlich bedingten Idealformen im Zusammenhange mit den sie begründenden historisch-gesellschaftlichen Bewegungen auf ihre wesentlichen Züge hin zu reduzieren und aus einer bunten und unübersehbaren Mannigfaltigkeit die Grundformen des gegenwärtigen Erziehungsideals in einem überschaubaren Bilde herauszuheben.

In fast allen uns vorliegenden Formulierungen sind zwei Elemente enthalten, das der Persönlichkeit und das der Gesellschaft. Hier spiegelt sich die Kontroverse zwischen individuellem und sozialem Erziehungsideal aus der allgemeinen Pädagogik wieder. Es macht da an sich wenig Unterschied, ob die spezielle Terminologie einerseits von Persönlichkeit, Charakter, Mensch, andererseits von Gemeinschaft, Gesellschaft, Staat redet. Sondern es ist im Gegenteil auf den Akzent innerhalb dieser Formeln zu achten. Da zeigt nun unsere phänomenologische Vorarbeit eindeutig, daß die vom Gesichtspunkt des Rechtes und des staatsbürgerlichen Gedankens her zusammengestellten Setzungen zu einem Ideal gehörig erscheinen, bei dem die Hoffnung auf eine künftige Entlastung der ökonomischen Gruppe durch die wirtschaftliche Verselbständigung des Zöglings durchaus im Vordergrund steht [86]). Das Individuum soll erwerbsfähig, wirtschaftlich lebenstüchtig, zu einem Beruf tauglich gemacht werden; dazu gehört auch »die Aufbauung des Charakters«, die Ausbildung zu einer ganzen Persönlichkeit, aber streng genommen immer nur soweit, als das für die »Brauchbarkeit« nötig und förderlich erscheint. »Brauchbarkeit« besagt zweierlei: 1. die Fähigkeit, den eigenen Bedarf selbständig zu erwerben, 2. durch diese wirtschaftliche Selbständigkeit einen Baustein für den Körper der wirtschaftenden Gesellschaft darzustellen (organisch gewendet): nützliches Glied der menschlichen Gesellschaft sein zu können. Die historische Wurzel des unter »1« Genannten ist bei den Vätern des modernen Liberalismus, den Locke, Quesnay und Smith zu suchen, denen der von ihnen propagierte freie wirtschaftliche Wettbewerb nur das einfachste und sicherste Mittel erschien, jedem Individuum zu seinem natürlichen Recht zu verhelfen. Was der Inhalt dieses Droit naturel (Quesnay) ist, sagt Smith unzweideutig: »to be the architect of his own fortune«; »properly his« ist für das Individuum nur, was es durch »the labour of his body, the work of his hands« zu erwerben imstande sein muß. Das gleiche drückt Quesnays imperativische Formulierung aus: »Que tout l'homme laboure!«.

Nun ist es allerdings möglich, auch den zweiten von uns genannten Bestandteil der »Brauchbarkeit« bei den Klassikern des ökonomischen Liberalismus in etwa festzustellen. Hinter der zunächst individualistischen Fassade ihres wirtschaftlichen Denkens ist überall die metaphysische Grundüberzeugung der Aufklärung von einer »natürlichen Zweckmäßigkeit in der Weltordnung« in ihnen lebendig; in dieser aber liegt die grundsätzliche Bedingung für die Möglichkeit einer »sozialen Harmonie« im besonderen. Privateigentum und Konkurrenz treiben zwar das Individuum zur höchsten Entfaltung seiner wirtschaftlichen Energie, dadurch allein wird der Gesellschaft aber das höchstmöglichste Maß an gemeinsamen Reichtum gewährleistet; die Verfolgung des »intérêt bien entendu« durch den einzelnen ist innerlich darauf angelegt, mit mechanischer Notwendigkeit zur Verwirklichung des »intérêt de tous« zu führen. Es ist klar, daß sich von diesem Standpunkt aus unmittelbar keine Veranlassung bietet, das »nützliche Glied der menschlichen Gesellschaft« zum Erziehungsideal zu erheben. Das konnte erst aus der Erfahrung heraus geschehen, daß die Entwicklung des liberalistischen Wirtschaftsprinzips zwar keinesweg zur Harmonie, sondern ganz im strikten Gegensatz dazu zur steigenden Auflösung aller gemeinschaftlichen Bindung führte. Die ethischen Anschauungen der Klassiker bauten sich auf dem Glauben an die gleichmäßige Wirksamkeit zweier psychischen Faktoren auf; Smith nennt sie in der »Theory of moral sentiments«: »fellow-feeling (sympathy)« und »self-love«. (Bei Quesnay besteht dieselbe Voraussetzung, doch bedient er sich ihrer nicht zum Aufbau seines Systems, das er vielmehr in macchiavellistischer Trennung von Moral und Politik begründet.) Erst eine Zeit, die inzwischen gelernt hatte, daß der »soziale Schwellenwert« — mit Scheler zu reden — des Egoismus und der Sympathie am Anfang und am Ende einer gemeinsamen Skala stehe, konnte daher die Forderung, jemand zum nützlichen Gliede erst zu erziehen, zu der ihren machen. Vergegenwärtigt man sich nun, daß der politische Liberalismus, nachdem die Entdeckung dieses Sachverhaltes im Verlaufe des ökonomischen und sozialen Geschehens einmal gemacht und politisch verwertet war, aus apologetischen Gründen genötigt wurde, die sozial-ethische und sozialutilitarische Komponente seines Fundaments zugunsten einer rein individualistischen Begründung und Zielsetzung mehr und mehr in den Hintergrund zu schieben, so wird es selbstverständlich, daß alle diejenigen, die heute in der Jugendfürsorge den Ruf nach dem »nützlichen Gesellschaftsgliede« erheben *), das nicht unmittelbar aus liberalistischen Ge-

*) Es wäre an sich denkbar, daß eine solche Forderung auch von konservativen Kreisen aus gestellt werden könnte. Tatsächlich ist das aber deshalb nicht geschehen, weil der gesamte Komplex einer rational geregelten Jugendfürsorge — und ohne eine solche Regelung gibt es keine moderne Jugendfürsorge — naturgemäß nicht mit einer in »konservativen« Ideen wurzelnden Gefühlswelt vereinbar war und ist. Außerdem haftet für einen bodenständigen und traditionsbewußten Konservatismus am Sozialutilitarischen das Stigma eines im Grunde doch konstruierten Ideals in nicht erträglichem Maße.

dankengängen heraus, geschweige denn in bewußter Abhängigkeit von den Klassikern des Liberalismus tun, sondern dazu von Wertungen angeregt sind, die in der sozialistischen Gefühlswelt erwachsen sind. Unsere These geht nun dahin, daß darum die Formel vom »nützlichen Gliede« nicht weniger in einer liberalistischen Geisteshaltung ihren Ursprung hat, sofern nämlich — was weiter unten zu begründen sein wird — eine Reihe wesentlicher Elemente sowohl des vor- als nachmarxischen Sozialismus in der Übernahme oder Fortführung von Ideen aus der Erbmasse der liberalistischen Theorie bestehen. August Bebel z. B., der sich selbst gern auf seinen Vermittler mit der liberalen Ideenwelt, J. St. Mill, bezieht, zeichnet die Erziehung in der sozialistischen Gesellschaft mit den Worten: »Die Gesellschaft kann jetzt vollkommen sicher sein, nur tüchtige . . . Glieder erzogen zu haben« (»Die Frau und der Sozialismus«, S. 323, Stuttgart 1891) oder: »dadurch allein kann die Frau . . produktiv nützliches Glied der Gesellschaft werden« (l. c. S. 173). Hier ist also der Begriff des Nützlichen noch in wünschenswerter Deutlichkeit interpretiert.

Aber auch Sombart formuliert das Erziehungsziel, das sich »die Richtlinien des proletarisch-sozialistischen Schulprogramms seit 150 Jahren« stecken: die Erziehung soll endlich dafür sorgen, daß diese Menschen »nützliche« Glieder der sozialistischen Gesellschaft werden, das heißt »wertvolle« (das sind materielle) Güter zu erzeugen verstehen. Gerade Sombart gehört ja aber auch zu den Forschern, die auf den engen Zusammenhang der (proletarisch) sozialistischen Gedankenwelt mit der Aufklärung, besonders der anglo-französischen, entscheidenden Wert legen. Bei ihm (»Der proletarische Sozialismus«, Jena 1924 S. 278 des 1. Bandes) findet sich auch ein Satz der Propagandaschrift »Kommunistische Schule« zitiert: »Die sozialistische Erziehung . . hat zum Ziel die . . . Entwicklung aller Fähigkeiten des Kindes, um dem Individuum eine harmonische Vervollkommung zu ermöglichen und in seiner Eigenschaft als Gesellschaftsglied eine hochwertige Arbeitsleistung und vielseitige Verwendbarkeit von ihm zu erzielen.«

Und es ist selbstverständlich kein Zufall, daß diejenige Gruppe unter den sozialistischen Theoretikern, die den stärksten Ausdruck der liberalen Tendenz im Sozialismus bedeutet, die revisionistische, bezeichnenderweise »den heranwachsenden Menschen . . zum bewußten Glied der sozialen Volks- und Menschheitsgemeinschaft« zu erziehen fordert (Görlitzer Programm von 1921). Damit nimmt sie zwar die alte Formel auf, kann es jedoch nicht verhindern, daß ihr Gehalt völlig umgebogen wird. Daß hier an Stelle des »nützlichen« das »bewußte« Glied, an Stelle der »Gesellschaft« die viel gefülltere und lebendigere »soziale Volks- und Menschheitsgemeinschaft« tritt, ist auf den Machtgewinn der »jung«sozialistischen Bewegung und den Einfluß ihres Wortführers Gustav Radbruch zurückzuführen. (Vgl. seine »Kulturlehre des Sozialismus«, S. 8, Stuttgart 1922.) Eine Feststellung, die uns im Verlauf unserer Erörterung noch von Wert sein dürfte.

Es deckt sich also — können wir nun zusammenfassen — die erste unserer Bestimmungen für den Begriff der »Brauchbarkeit« (selbständige Erwerbsfähigkeit) mit eindeutig liberalen Prinzipien, während die zweite (nützliche Gliedschaft) mit solchen sozialistischen Grundsätzen, die aus dem Gedankengut des Liberalismus entnommen sind, eng verwandt ist. Damit wäre die relative Einheit dieses Begriffes als Erziehungsziel sowohl in historischer als systematischer Hinsicht erwiesen. Ist dem so, dann liegt darin zugleich eine Kritik der an der Oberfläche bleibenden Backhausenschen Aufstellung vom sozialistischen und humanitären Typ; beide finden sich — wie wir nachzuweisen suchten — in einem sozialökonomischen Ziel, dem der Brauchbarkeit. Ja, diese im Grunde einheitliche Strömung erhält auch noch einen Zufluß von den Gedankenkreisen der alten Demokratie, soweit das Staatsbürgertum des Individuums mehr an die Stelle seiner bloßen Wirtschaftsfähigkeit und an die der Gesellschaft oder menschlichen Gemeinschaft die Idee des Staates tritt. Das Kräfte-Gleichgewicht dieser beiden Tendenzen ist durchaus labil, eindeutig bestimmt aber ist das Ziel dieses so bestimmten Idealtyps als ein sozialutilitarisches. Wahrscheinlich ist dieser Idealtyp der weitverbreitetste. Sicher ist, daß er die offene Fürsorge fast ausnahmslos beherrscht. Dieser Zusammenhang ist durchaus kein Zufall, sondern ursächlich begründet und geeignet eine Art Verifikation der obigen Gedankengänge zu bieten. Sind doch die an der bisherigen offenen Fürsorge interessierten Personen fast ausnahmslos aus politisch lebendigen, liberal demokratischen

Kreisen hervorgegangen. Der Arbeitsanteil der freien Liebestätigkeit befindet sich heute noch fast ausschließlich in ihren Händen, während der kommunal-behördliche Zweig das sozialistische Element stellt. — Die immer wiederkehrende, einzige und stereotype Idealformulierung in der offenen Jugendfürsorge heißt daher, jemanden »zum nützlichen Glied der menschlichen Gesellschaft« machen.

Wesentlich einfacher gestaltet sich die Erfassung eines zweiten Typs. Das konfessionelle Erziehungsideal ist ohne weiteres ersichtlich und dürfte von keiner Seite als ein gesondertes und eigentümliches bestritten werden (vgl. auch Backhausen!). Aus unserem phänomenologischen Versuch geht hervor, daß es außerordentlich häufig mit Elementen aus dem ersten Typ vermischt auftritt, trotzdem aber ist evident daß seine reine Form von diesen losgelöst besteht und daß diese einheitlich, individuell und nur durch die Eigenheiten der verschiedenen Konfessionen abgewandelt ist. Die nachgewiesene Mischungsfähigkeit und -geneigtheit ist nun nicht eine »Verunreinigung« mit heterogenen Bestandteilen, sondern zeugt im Gegenteil dafür, daß ein Erziehungsideal, das in einer umfassenden, historisch und metaphysisch fundierten, von einer großen gesellschaftlichen Gruppe getragenen Weltanschauung gegründet ist, jeden möglichen Inhalt menschlicher Bestrebungen in sich aufzunehmen vermag, ohne seine spezifische Färbung verlieren oder verdünnen zu müssen. In ihm kann gewissermaßen die Welt der möglichen Ziele noch einmal in ihrer ganzen Vollständigkeit gesetzt werden, jetzt nicht autonom, sondern unter der Heteronomie des Religiösen. Mit einem mathematischen Bilde: die bloß kulturelle Formel unseres ersten Typs wechselt bei identischer Gestalt ihr profanes in ein religiöses Vorzeichen um. Die Tatsache der Stärke und Dauerhaftigkeit wie der historisch-soziologischen Wirksamkeit der weltanschaulichen Wurzeln dieses Idealtyps ist es auch, was das konfessionelle Erziehungsziel gegenüber dem sozialutilitarischen so viel gefüllter und ausreichender erscheinen läßt. Es liegt das vielleicht an der übergreifenden, die Totalität des Lebens erfüllenden Gestaltungskraft des Religiösen gegenüber der nur ökonomischen Sphäre [87]). Darum ist es auch kein Zufall, daß die literarisch bekannten Formulierungen dieses Ideals noch weniger die ganze Weite und Fülle seiner wirksamen Gestaltungsmöglichkeiten in sich begreifen, als das schon bei unserm ersten Typ der Fall war; darum ist es noch weniger zufällig, daß eine Persönlichkeit von solchen Ausmaßen und einer solchen Lebensintensität an seiner Erfüllung mitschuf, wie es Wichern war. Es ist allerdings notwendig, sich in die Lebensarbeit und den Nachlaß dieses großen Mannes zu versenken, um zu erkennen, wie sehr dieses Ideal umspannend, lebendig und tief genug war, die Fürsorgeerziehung fast ein Jahrhundert hindurch zu beherrschen. Wir bezeichnen es am besten als: die gewissenhafte, lebendige Persönlichkeit in der christlichen Gemeinde.

Hatte sich schon bei unserer phänomenologischen Untersuchung eine Schwierigkeit darin ergeben, einen Leitfaden für die Auffindung der Idealangaben eines letzten Kreises zu finden, so kehrt dieser Nachteil bei dem Versuch, einen dritten Idealtyp aufzustellen, in erhöhtem Maße wieder. Es scheint sich hier kein anderer Weg zu bieten als der Rückgang auf die Bemerkung, daß die Träger dieses Erziehungsideales gleichzeitig die Förderer einer Bewegung zur Lebenserneuerung im Sinne einer Erneuerung des Menschen und weniger der Institutionen sind. Suchen wir nach dem soziologischen Substrat, das diesen Bestrebungen im ganzen der gegenwärtigen Gesellschaft entspricht, so stoßen wir auf die »Klassenkämpfe« der ökonomischen Gruppen und der Generationen. Jugendbewegung und Sozialismus, sofern diese beiden nicht wesentlich unter den Nachwirkungen der ideologischen Tradition des Liberalismus (und der Konfession) stehen, haben sich erst in den letzten Jahren mit Leidenschaft dem Gebiete der Erziehung zugewandt; dabei ist es ein keineswegs aufgehellter Tatbestand, warum man sich besonders intensiv dem Gebiete der Fürsorgeerziehung widmete [88]). — Es mag wunder nehmen, daß hier Jugendbewegung und Sozialismus ohne Anstoß in einem Atemzuge genannt werden, obwohl doch ganz allgemein am Tage liegt, daß wenigstens erhebliche Teile des Sozialismus die Jugendbewegung verneinen oder gar verabscheuen und daß dasselbe vice versa von der Jugendbewegung gilt. Abgesehen von der oben für beide Teile gemachten Einschränkung ist aber darauf hinzuweisen, daß sie einen wesensbegründenden gemeinsamen Grundzug besitzen: den Mangel einer objektiven traditionellen Geistigkeit. Beide Teile sind gerade im heftigen

Ringen um den Aufbau einer solchen unter Ausschaltung heterogener Bestandteile und Ersatzideologien begriffen.

Für die Jugendbewegung bedarf diese Aussage keiner besonderen Erhärtung; daß sie auch für den Sozialismus in vollem Umfange gilt, hat das Buch Hendrik de Mans (»Zur Psychologie des Sozialismus«, Jena 1926) neuerlich zum allgemeinen Bewußtsein gebracht, indem es eine Fülle verwandter Tendenzen und Entwicklungslinien in der sozialistischen Ideologie endlich auf einen Generalnenner brachte und diesen Generalnenner auch in leicht verständlicher und überzeugender Weise bei Namen zu nennen verstand. Seine These ist: die sozialistische Bewegung ist etwas anderes als die marxistische Theorie, und sowenig jene ohne diese möglich gewesen wäre, so nötig ist es heute, die »hedonistisch-rationalistischen« Fesseln der marxistischen Verpuppung abzustreifen, wenn anders die Schwungkraft der Bewegung nicht unwiderbringlich verloren gehen soll. Denn Marx ist — wie de Man nicht oft genug betonen kann — (vgl. S. 32, 98, 103) — der Vollender der klassischen Nationalökonomie und seine Denkmittel entstammen infolgedessen der gleichen historisch-wissenschaftlichen Weltansicht wie die ihren, es sind die Denkmittel der naturwissenschaftlichen Methode seiner Zeit, d. h. im Grunde die mechanisch-rationalen Kategorien der Aufklärung. »Es ist der professorale Fortschrittsaberglaube der Aufklärungszeit, der hier in neuer Gestalt seine Auferstehung feiert« (S. 120). Der Glaube an die Wissenschaft, die die Kausalverbindung empirischer Daten zu einem Notwendigkeitsgesetz hypostasiert und dadurch den Schlüssel aller zukünftigen Gestaltung in der Hand hat (»savoir pour prévoir, prévoir pour régler«), an die Wissenschaft, die den Individuen die echten »rationellen Motive« zeigt, die das Rad der gesellschaftlichen Entwicklung vorwärts drehen werden, das ist es, was den Marxismus mit der Aufklärung und den Vätern des Liberalismus im besonderen zu einer großen Einheit zusammenschmiedet. Zu einer Einheit, der gegenüber sich die sozialistische Bewegung heute als ein innerlich völlig anders gestaltetes Novum empfindet. Worin dieses Novum inhaltlich bestehe, oder besser, welche Kräfte es zustande kommen ließen, zu erörtern, würde an dieser Stelle zu weit führen, abgesehen davon, daß es in extenso schon deswegen nicht geschehen könnte, weil die Bewegung es selbst noch nicht zur Klarheit hat bringen können und die Bemühung darum gerade erst als ihre drängendste Aufgabe empfindet *). Es mag nur darauf hingewiesen werden, daß de Man die Einwirkungen der weitgehenden Psychologisierung und Ethisierung im Gefolge einer lebensphilosophischen Grundstimmung besonders heraushebt und überall das Schöpferische Prinzip zu seinem Rechte kommen lassen will. Dinge, die — wie Georg Lukacs (»Geschichte und Klassenbewußtsein«, 1923) nachgewiesen hat — schon bei Marx in seiner Scheidung einer historischen Dialektik von einer bloßen Naturkausalität angelegt, aber grade beim weiteren Ausbau des marxistischen Systems nicht zur Auswirkung gekommen sind. Wie dem auch sei, hier kam es nur darauf an, deutlich zu machen, daß der orthodoxe Marxismus heute nicht mehr Anspruch darauf erheben kann, das gedankliche System des lebendigen Gehalts, in der sozialistischen Bewegung darzustellen, daß im Gegenteil dieser Gehalt einer symbolkräftigen Darstellung noch immer entbehrt, und daß endlich sozialistische Bewegung wie Jugendbewegung um die adäquate systematische Erfassung des von und in ihnen Intendierten mit aller Anstrengung bemüht sind. Das heißt aber, daß ihr geistiges System sich noch im Stande vor der Verwirklichung, »in statu nascendi«, befindet; das bedeutet, daß ihre Ideale von erhöhter Plastizität und Offenheit sein müssen. So ist denn auch das Erziehungsideal dieser Gruppe streng genommen überhaupt nicht formulierbar, alle Wendungen sind eigentlich nur Umschreibungen einer Wegrichtung [89]). »Können wir ein Ziel haben, wir, die wir ins Unendliche schreiten?« Es verhält sich für beide Bewegungen die erwachende Klasse und die erwachende Generation, tatsächlich so, daß sie sich für ihr Gefühl zum mindesten ganz vorn befinden und nur den Weg, den sie bis dorthin zurückgelegt haben, genau kennen. Es mag hier ein Bild Hans Freyers [90]), der aus dieser Jugend hervorgegangen ist, aufgegriffen werden: »Nur die unendliche Leere der Zukunft bleibt, und die formale Freiheit, zu tun und zu lassen, ist in allem Lebenden unendlich. Heute Stirnsteine der lebendigen Mole, die sich in den Nebel hineinbaut, werden wir morgen als tote Blöcke

---

*) Vgl. zum Ganzen auch Carl Mennicke: »Der Sozialismus als Bewegung und Aufgabe«. Berlin 1926.

drinnen eingemauert sein, und die lebendigen Wogen schlagen an andere. Aber eine Weile lang liegt alles Leben in unserer Hand. Was wir ergreifen, kommt weiter, was wir fallen lassen, stirbt ab . . . Sie macht den Moment unseres Lebens gewichtig, ohne ihm seinen Leichtsinn zu nehmen, und schwängert die Luft der Gegenwart, ohne sie zu trüben, mit dem Gefühl einer unendlichen Tragweite unserer Willkür und dem schwermütigen Stolz einer unendlichen Verantwortung.« —

Unser Begriff des Erziehungsideals läßt aber auch dieser Haltung Raum; war der erste Teil unserer Definition (vgl. S. 11) von den beiden ersten Typen, so wird der zweite von diesem dritten und letzten im besonderen erfüllt. So sind denn auch die Begriffe »Mensch«, »Gemeinschaft« und »Leben« dieser Gruppe lediglich Ideogramme für ein Geahntes. Dessen Inhalt ist doch schon positiv wenigstens angedeutet durch den Enthusiasmus und die Lebendigkeit der Verkündung. Auch dieses Ideal ist in einem religiösen Leben verankert, wenn auch diese Religiosität gegenüber der objektiv-institutionellen Religion des zweiten Typs eine subjektiv-immanente genannt zu werden verdient *)[91]). Die Momente der Reinheit [92]) und der

---

*) Der Terminus der »immanenten Religion« oder besser immanenten Religiosität (bei Simmel auch »vitale Religiosität«), der nun einmal gang und gäbe geworden ist, scheint nicht ganz glücklich gewählt, insofern als sein logischer Gegensatz die transzendente Religion oder Religiosität sein müßte. In dem dadurch nahegelegten Sinne aber ist immanente Religiosität eine contradictio in adjecto, denn es gehört zum Wesen des religiösen Aktes, daß er sich nicht mit der primären Bedeutung und Wertbezogenheit des Gegenstandes in einer diesem besonders angemessenen Sinnsphäre des menschlichen Geistes (oder in allen) genüge tut, sondern darüber hinaus zu einer Erfassung des die Sinnsphären erst begründenden ewigen Gehaltes, ihres Sinn-Grundes und Abgrundes zugleich, die in dem Gegenstande zur Andeutung gekommen sind, zu gelangen trachtet. Jeder religiöse Akt geht also auf einen Gegenstand, sofern er transzendent ist. Im Gegensatz dazu vermag mithin die immanente Religiosität nicht zu stehen, soll es sich in ihr anders um einen Inbegriff echter religiöser Akte handeln. Erst dann, wenn ein spezifischer religiöser Gegenstand unabhängig von dem religiösen Akt konstituiert wird, gewinnt der Begriff der immanenten Religiosität einen haltbaren Sinn. Ihr Gegensatz ist die transzendente Religiosität nur insofern, als darunter eine Religiosität mit supranaturalem Gegenstand und darüber hinaus mit einer ganzen supranaturalen Gegenstandssphäre verstanden wird. Für die immante Religiosität ist die Scheidung einer »Welt« und einer zu dieser im Verhältnis der Überordnung stehenden (also in einer Beziehung, die beide Teile doch wieder unter einem gemeinsamen Gesichtspunkte betrachtet) »Überwelt« gegenstandslos,

Funktionentotalität sind die vorläufig ersichtlichen Charakteristika der neuen »Menschwerdung«. Das »Leben« soll nicht unter dem Gesichtspunkte eines Zweckes (Wirtschaft oder institutionelle Religion), sondern in seiner ganzen Tiefe, in seinem ganzen Ausmaß, in seiner ganzen Irrationalität erfaßt werden.

»Schöpferische Entwicklung aus den Tiefen unendlich zeugenden Lebens, Freiheit der ungehinderten Selbstentfaltung für den einzelnen wie für die Gemeinschaften, unverkümmerte Fülle des Erlebens, lebensdurchströmte Totalität aller Seelenkräfte statt intellektualistischer Verödung, Totalität von Leib und Seele statt dualistischer Entzweiung. Totalität endlich aller kosmischen Kräfte statt atomistischer Vereinzelung — so lauten die bis ins Unendliche variierten Forderungen, sie alle der praktische Ausdruck desselben Geistes ...« (Theodor Litt: »Die Philosophie der Gegenwart und ihr Einfluß auf das Bildungsideal« (Leipzig, 1925, S. 37)). Hierin treffen sich Sozialismus *)93) und Jugendbewegung. Kawerau,

für sie gibt es eine gesonderte religiöse Sphäre, die von der durch die geistigen Akte der einzelnen Kultursphären erfaßten »Welt« geschieden wäre, überhaupt nicht. Daß dadurch ihren Akten nicht der Charakter des Transzendierens genommen wird, dürfte nun wohl erhellen. (Vgl. zur Erläuterung Steinmanns Begriff eines »weltimmanenten Transzendenten«, RGG., und Simmels »Irdisches, das ein Überirdisches ist, ohne über sich selbst hinauszugreifen«.)

*) Es wird aus gutem Grunde verzichtet, unsern Begriff des Sozialismus prägnanter als mit diesem allgemeinen Worte zu bezeichnen. Wir sehen mit de Man die sozialistische Bewegung als das relativ eigenständige Prius gegenüber der marxistischen Ideologie an im Gegensatz zu dem Sombartschen Buche, das den Begrff der sozialistischen Bewegung und Lehre willkürlich auf seine vormarxistische und marxistische Komponente unter Betonung ihrer rationalen Elemente einschränkt und alle weiterführenden Entwicklungstendenzen dabei eliminiert. (Vgl. S. 13 a. a. O.) Uns scheint eine solche Scheidung zwischen dem orthodox marxistischen und etwa dem von de Man vertretenen Sozialismus genau so unerträglich, als wollte man z. B. die historische Kontinuität des Christentums dadurch zerreißen, daß man geistesgeschichtlich so heterogene Erscheinungen wie etwa die römische Hierarchie und das Quäkertum, die ägyptisch-syrischen Anachoreten und den Jesuitismus, die koptisch-äthiopische Symbolik und die moderne liberale Theologie des Protestantismus als selbständige nicht innerlich verbundene Fakten historisch behandelte. Solange zwei so gegensätzliche Richtungen wie der orthodoxe Marxismus und der Jungsozialismus e. g. in einer Partei zusammenarbeitend und aufeinander einwirkend sich zum Sozialismus bekennen, sind wir nicht berechtigt, sie als selbständige Zweige des Sozialismus zu bezeichnen und damit die empirische Einheitlichkeit dieser historisch-gesellschaftlichen Bewegung

der diese Zusammenhänge erkennt, sagt [94]): »Und so ist die Jugendbewegung, die sich ihrer selbst als Jugend bewußt wird, ein Zeichen des zerfallenden Kapitalismus, des sieghaft aufleuchtenden Sozialismus«. (Ebenso de Man, a. a. O. S. 309 f.) Wieder ist es kein Zufall, daß dieses Ideal den lebendigsten Geist der gegenwärtigen Fürsorgeerziehung geboren hat. Karl Wilker. In noch stärkerem Maße als das religiöse Erziehungsideal wird es getragen von einer drängenden sozialen Gruppe, so daß es der historisch weltanschaulichen Fundierung im prägnanten Sinne *) zunächst entbehren zu können scheint. Wir wollen es kennzeichnen als das Erziehungsideal vom reinen harmonischen Menschen in der Totalität des Lebens.

Ihrem bloßen Wortsinn nach sagt diese Formel allerdings nichts, was etwa lediglich der Jugendbewegung und dem werdenden Sozialismus eigentümlich wäre; so etwa hätte auch der Humanismus in der Epoche des klassischen deutschen Idealismus sein Erziehungsideal formulieren können. Es darf hingegen nicht außer acht gelassen werden, daß sowohl der Begriff des »reinen harmonischen Menschen« als auch der der »Totalität des Lebens« das Vorhandensein einer konkreten Gemeinschaft zur Voraussetzung hat — wie das ja auch in dem phänomenologischen Teile unserer Untersuchung stark zum Ausdruck gekommen ist. »Mensch« ist das Individuum nur und erst da, wo es in der lebendigen Gemeinschaft gebunden und in ihrem Schoße geborgen ist, »Leben« nur da, wo die Gemeinschaft realisiert ist, und die »Totalität des Lebens« hier an die Grenzen der Gemeinschaft gebunden. Dadurch ist die Klangfarbe unserer Termini eine ganz andere, als die, welche der klassische Idealismus — wenn man von der Wendung absieht, die ihm der spätere Fichte vorbereitend und Hegel abschließend gegeben hat — aus ihnen heraus hören würde. Von Hause aus ist für ihn wie für die englische Philosophie die

---

zu verwischen. Doch darf darauf hingewiesen werden, daß die junge Generation innerhalb der sozialistischen Bewegung den Gedanken, wie sie von Hendrik de Man vertreten werden, im allgemeinen mehr Aufgeschlossenheit entgegenzubringen geneigt ist, als sie die ältere Generation aus der Zeit des Sozialistengesetzes aufzubringen imstande ist.

*) Soweit darunter eine prinzipielle und systematische Durcharbeitung des selbstverständlich vorhandenen Weltanschauungsgutes verstanden werden soll.

Gesellschaft nichts anderes als ein Nebeneinander der Individuen: das Problem der Gemeinschaft bleibt ihm immer sekundär *). Ursprünglich ist allein das tätige, produktive Individuum und die Auffassungen scheiden sich erst an dem Punkte, wo die Engländer aus der Gliedschaft des Einzelnen in der Gesellschaft heraus eine glückliche Gestaltung des sozialen Zustandes mit Notwendigkeit folgern zu müssen glauben, während die Deutschen von vornherein die von ihnen erkannte Problematik auf dem Wege der pädagogisch-ethischen Anstrengung zu überwinden hoffen. Aber auch dann noch bleibt die Gemeinschaft Aufgabe, Pflicht und Postulat vom Einzelnen her und für den Einzelnen. (Das Menschengeschlecht und zur Menschheit wird erzogen, die Humanität wird befördert usw.) Gegenüber dieser »aufgegebenen« Gemeinschaft (im Sinne der Gelehrtenrepublik, des Vernunftstaates und des Kosmopolitismus) sieht sich die moderne Gruppe der Lebenserneuerung mit den Konfessionen darin verbunden, daß ihnen beiden die unmittelbare, konkrete Gemeinschaft als gläubige Gemeinde oder Bund wesensverbundener Menschen das prius im Vergleiche zu dem in sich und für sich bedeutenden Individuum erscheint. Wenn auch der Einzelne seinen Wert nicht erst durch die Tatsache empfängt, nützliches Glied der Gesellschaft zu sein, so ist er doch »lebendig« nur als Teil eines Ganzen, das ihn umgibt, wie die Luft den Atmenden; und ohne das Verbundensein mit diesem mütterlichen Element wäre allerdings seine Teilnahme an der Wirklichkeit in Frage gestellt. — Es versteht sich von selbst, daß die Gegensätzlichkeit der Grundstellungnahme in der gesellschaftlichen Sphäre nicht allein aus dem Fortgang theoretischer Überlegungen und ideologischer Systeme erklärt werden kann, sondern in weitgehendem Maße von der faktischen Entwicklung der sozialen und sozialökonomischen Verhältnisse im Laufe des 19. und 20. Jahrhunderts abhängig geworden ist. Erst die Zuspitzung der sozialwissenschaftlichen Fragestellungen innerhalb einer tatsächlichen gesellschaftlichen Problematik, wie sie sich in den letzten Jahrzehnten mehr und mehr herausgebildet

---

*) Vgl. dazu auch Euckens »Lebensanschauungen«, Leipzig 1890, und — was das Material anlangt — Hermann Huth, »Soziale und individualistische Auffassung im 18. Jahrhundert«, Leipzig 1907.

hat und — am kürzesten wohl — von Sombart unter dem Gesichtspunkte der Hypertrophie von Masse und Wechsel *) gezeichnet worden ist, gibt den historischen Hintergrund, von dem aus der oben dargestellte Unterschied im Gemeinschaftsbegriff voll verständlich werden kann. —

## Kritik der Typen des Erziehungsideals.

Eine bloße Typologie allein, wie sie nun vorliegt, reicht aber für den Erweis der Berechtigung unserer Problemstellung nicht aus. Haben wir uns im vorausgehenden wenigstens grundsätzlich von Werturteilen frei gehalten, so hat nun eine Bewertung und damit eine Kritik der oben festgestellten Typen des Erziehungsideals zu erfolgen. Dazu ist zu bemerken, daß eine solche weniger noch als eine Typologie wird darauf Verzicht leisten können, die praktische Wirksamkeit der Ideale mit in Betracht zu ziehen; es wird an einigen Stellen nötig werden, aus der Sphäre der Werte herab zu steigen auf die Ebene ihrer Verwirklichung, da echte und zureichende Ideale als solche sich einer Kritik von außen entziehen. Es wird sich aus der damit angedeuteten Beschaffenheit unserer Idealtypen ergeben, daß die Methode ihrer Kritik zwischen dem ersten und den beiden letzten wechselt, für diese wird sich eine vorwiegend systemimmanente Kritik empfehlen.

Wir hatten das sozial-utilitarische Ideal durch die Formel: »nützliches Glied der menschlichen Gesellschaft« bestimmt. Ein historischer Exkurs wird es ermöglichen, uns hier einigermaßen kurz zu fassen. — Die Stereotypie und außergewöhnliche Häufigkeit der Anführung dieses Ideals — jeder Bericht der offenen Fürsorge enthält sie, jede vorläufige Mitteilung aus den Anstalten drückt ihre Hoffnung so aus — läßt annehmen, daß diese Formel nicht zufällig zustande gekommen ist. Warum ist sie die bevorzugte? Weil sie der Ausdruck des persönlichen Ideals der Mehrzahl aller fürsorgenden Personen selbst ist. Nicht umsonst nennt Behn 97) sie in seinem Kapitel vom treuen Menschen. Es handelt sich hier um das Ideal des berufstreuen, fleißigen Kleinbürgers. Und wo finden

*) »Die deutsche Volkswirtschaft im 19. Jahrhundert«, Berlin 1923.

wir die klassische Ausprägung, das goldene Zeitalter dieses Menschenschlages? In der Aufklärung. Es ist mir nicht gelungen, die hier analysierte Formel so bei den Pädagogen der Aufklärung zu entdecken [101]). Aber es kann keinem Zweifel unterliegen, daß ihre einzelnen Teile dem Wortschatze der Aufklärung entnommen sind, daß es sich hier um eines jener geprägten Worte handelt, deren Dasein weit über die Epoche ihrer Schöpfung hinausreicht, weil ihr Inhalt dem Denken und den Zwecken einer ganzen Schicht angemessen geblieben ist. So findet sich die Formel näherungsweise schon beim jüngeren Pestalozzi, der in »Arners Gutachten über die Kriminalgesetzgebung« (Seyffarth Bd. 6, S. 132) »die Personen der Verbrecher dem Staate als nützliche Mitglieder erhalten« will und dem Sinn nach noch in der abklingenden Aufklärung eines Zöllner (»Ideen über Nationalerziehung«, Berlin 1804, S. 132 f.): »So müssen auch die, welche einst mit der Hand ihren Unterhalt erwerben und der Gesellschaft nützlich werden wollen, die Kultur ihres Geistes nur als Mittel betrachten, achtungswürdige, nützliche und zufriedene Menschen zu werden«. Eine Bestätigung bringt Wilhelm Rein [102]) bei einer Besprechung der »Kombination verschiedener Gesichtspunkte« für die Feststellung eines Erziehungsideals: »Von Locke und Basedow die Rücksicht auf die Gewandtheit, in der menschlichen Gesellschaft als brauchbares Glied*) sich bewegen und mittun zu können.« —

Oskar Walzel [95]) spricht übrigens von dieser Formel als einem Stück aus dem Gute Adam Fergusons (1723—1816), einem der Väter der modernen Soziologie (als Mittelglied zwischen Montesquieu einerseits und Smith und in geringerem Maße auch Comte andererseits [96])). Er deutet dann weiter auf eine Verbindung zu Hutcheson und Shaftesbury hin; bei ihnen ist aber ein wesentliches Glied ausgewechselt, statt auf »brauchbar« oder »nützlich« treffen wir dort auf das sinnändernde und -vertiefende »vortrefflich« oder »vollkommen«; ebenso ist »Gesellschaft« aus einem ursprünglichen »Universum« verengt [98]). Begnügen wir uns mit dem sichereren Rückgang auf Ferguson, dessen Stellung im eigentlichen Gebiete der englischen Aufklärung ja ohnehin den Zusammenhang mit

*) Bei Rein nicht gesperrt.

dieser Formel begreiflich macht; so entstammt sie denn auch offensichtlich seinem Versuch einer Begründung der Moral aus dem Umkreis seiner gesellschaftlichen Beobachtungen: Danach wird das soziale Ganze nicht sowohl durch den in berechnender Rücksicht geläuterten Egoismus als vielmehr durch das Gefühl des Einzelnen, auf Grund seines natürlichen Wohlwollens als Glied eben diesem Ganzen eingereiht zu sein, zusammengehalten. Dem jeden Einzelnen eingewurzelten Drang nach Tätigkeit kann die Rolle eines psychologischen Motivs, brauchbar und nützlich zu werden, zufallen. In der Übersetzung von Christian Garve lautet die entsprechende wichtigste Stelle der »Grundsätze der Moralphilosophie« (Leipzig 1772, S. 101 f.): »Der Mensch wird durch Wohlwollen bewogen, alle Eigenschaften zu billigen, die den Menschen geschickt machen, etwas zum gemeinen Besten beizutragen. — Insofern das Verdienst, oder die moralische Vortrefflichkeit eines Menschen, in diesen Eigenschaften besteht, insofern können wir behaupten, daß Wohlwollen, oder das Gesetz der Geselligkeit, in Verbindung mit dem Gesetz der Selbstschätzung, das Prinzipium der moralischen Billigung ist, und daß die Tugend hochschätzen, so viel heißt, als die Menschen lieben. — . . . in der wirklichen Natur fallen die Gesetze der Selbsterhaltung, und die Gesetze der Geselligkeit, wenn sie recht verstanden werden, in allen ihren Wirkungen und Anwendungen zusammen. — Der Mensch ist von Natur das Glied einer Gesellschaft; sein Wohlsein und sein Vergnügen erfordern, daß er das zu sein fortfahre, was er von Natur ist; seine Vollkommenheit besteht in der Vortrefflichkeit oder dem Grade seiner natürlichen Fähigkeiten und Anlagen, oder mit anderen Worten sie besteht darinnen, daß er ein vortrefflicher Teil des Ganzen ist, zu dem er gehört. So also, daß es für das menschliche Geschlecht dieselbe Wirkung haben muß, ob der einzelne Mensch, bloß sich selbst, oder die ganze Gesellschaft, deren Glied er ist, zu erhalten gedenkt. Bei jedem dieser beiden Vorsätze muß er die Menschenliebe, als den schätzbarsten Teil seines Charakters, werthalten. — So wie dies die Veranlassung zur Rechtschaffenheit ist: so ist es auch dies: welches den Menschen darauf führt, der Rechtschaffenheit, vor jeder anderen Beschaffenheit oder Fertigkeit der Seele den Vorzug zu geben.« — Den nächsten Schritt in der Richtung von Hutcheson und Shaftesbury her über Ferguson hinaus tut dann Adam Smith *) in der »Theory of Moral Sentiments«; auch er betont wie Ferguson: »It is thus that man, who can subsist only in society, was fitted by nature to that situation for which he was made. All the members of human society stand in need of each others assistance ...« (S. 188f. der Londoner Ausgabe von 1759). Aber, fährt er fort — und bringt damit eine Formulierung wie sie selbst Bentham in solcher Prägnanz nicht gibt — »tho' the necessary assistance should not be afforded from such generous and disinterested motives, tho' among the different members of society there should be no mutual love and affection, tho' less happy and agreeable, will not necessarily be dissolved. Society may subsist among different men, as among different merchants, from a sense of its utility, without any mutual love and affection« (S. 189). Diesen Gedanken, der in Wahrheit als Ausgangspunkt aller mit der Forderung nach dem »nützlichen Gliede« endenden Überlegungen erziehungstheoretischer Art zu gelten hat, verdeutlicht Smith nun, indem er zugleich ein entscheidendes Licht darauf wirft, wie bei ihm und allen, die im Laufe der historischen Entwicklung von ihm abhängig geworden sind, der Gesellschaftsbegriff zu denken sei (nämlich ausschließlich in mechanisch-summierender Weise) (a. a. O. S. 198): »We are no more concerned for the destruction or loss of a single man, because this man is a member of part of society, and because we should be concerned for the destruction of society, than we are concerned for the loss of a single guinea, because this guinea is a part of a thousand guineas, and because we should be concerned for the loss of the whole sum. In neither case does our regard for the individuals arise from our regard for the multitude; but in both cases our regard for the multitude is compounded and made up of the particular regards which we feel for the different individuals of which it is composed.« Hier ist das sozialutilitarische Ideal in klassischer Reinheit zum Ausdruck gekommen, sowohl, was den lediglich kaufmännisch-rechnerischen Sinn der »Utility« anlangt, als auch darin, daß die soziale Note nicht im geringsten einen Abstrich an dem

---

*) Es sollen hier nicht sowohl historische Abhängigkeiten als vielmehr eine systematische Entwicklung nach der Logik der Sache gezeichnet werden. Die Sperrungen sollen das in dieser Hinsicht Wichtige hervorheben.

zugrundeliegenden Individualismus bedeutet, sondern bestenfalls eine Art »Rückversicherung« für die Zwecke des Individuums.

Es liegt nahe, den Ursprung unserer Formel schließlich auch bei dem Begründer des Utilitarismus, Jeremy Bentham, zu suchen. Und es ist von vornherein gewiß, daß die ihr zugrundeliegenden Gedankengänge entweder unmittelbar Gut vom Geiste Benthams sind oder doch in seiner Denkarbeit ihre wesentlichste Stütze finden würden. Sofern unsere Formel aber das sozialutilitarische Erziehungsideal zum Ausdruck bringt, wird sie sich kaum bei Bentham nachweisen lassen, weil es für diesen — wie Sombart mit Recht betont (a. a. O. S. 151 u. 349) — »niemals zu dem Begriff eines Gemein- oder Gesamt- oder Staatsinteresses kommen kann, sondern logischerweise immer nur zu einem Interesse von Majoritäten, Massen etc.« (Vgl. dazu auch das von Sombart aufgeführte Zitat aus Benthams Deontology.) Immerhin lassen sich Verbindungslinien nachweisen.

Bentham geht von folgendem Grundsatz aus (Deontology, London und Edinburgh 1834, Bd. 1, S. 17): »The first law of nature ist to wish our own happiness and the united voices of prudence and efficient benevolence, add, Seek the happiness of others, — Seek your own happiness in the happiness of others.« Aber nicht nur die Stimme der Natur, sondern auch die der Sittlichkeit nennt diesen Imperativ (a. a. O. Bd. 2, S. 77): »The ends of morality will, however, be on all occasions best served by the habit of . . . . . . estimating the profit and loss to human happiness on the whole.« Denn (a. a. O. Bd. 1, S. 23): »The principle, on which Deontology is grounded, is the principle of Utility« und, fährt er fort (a. a. O. S. 35), »The occasions on which the deontological principle is called into action, are either . . . — public or private. Public occasions are those which exist between man and man, as members of society in general . . .« Bei allen genannten Autoren steht nun hinter diesen ihren sozialethischen und sozialökonomischen Überzeugungen als immer stillschweigend anerkannter Garant der Werthaftigkeit des Individuums wie der Gesellschaft der Wille Gottes. Gott bleibt Realgrund und Sanktion für die im Grunde doch immer nur relativen sittlichen Werte, die Individuum und Gesellschaft in ihrer Bezogenheit aufeinander darstellen und als deren ethisches Kriterium die Utilität gilt. Dieser metaphysische Hintergrund ist die Voraussetzung aller Aufklärungsphilosophie ganz gleich, ob man sich nun dabei auf das göttliche Gesetz der positiven christlichen Offenbarung bezieht oder das göttliche Gebot durch das lumen naturale zu erkennen sucht, er ist darüber hinaus aber auch die selbstverständliche Voraussetzung aller englischen Sozialphilosophie bis auf den heutigen Tag geblieben. Für den Kontinent gilt diese letzte Behauptung nicht. Die entsprechenden Gedankengänge des festländischen Liberalismus und Sozialismus verlieren im Verlaufe des 19. Jahrhunderts die religiöse Begründung ihres historischen Ausgangspunktes mehr und mehr, bis schließlich die kalvinistisch-englische Heiligung der gesamten gesellschaftlichen Sphäre einer restlos durchgeführten Diesseitigkeit aller sozialethischen Werte Platz gemacht hat. Und diese Anschauungen sind es, denen das Ideal vom nützlichen Gliede, wo es uns heute entgegentritt, den treffendsten Ausdruck verleiht. Geht man dieser seiner nun völlig profanisierten Bedeutung nach, so stößt man auf einen offenbaren circulus vitiosus: das Ziel, das dem Einzelnen gestellt ist, ist erreicht, wenn er sich als nützliches Glied der menschlichen Gesellschaft erwiesen hat, die Gesellschaft jedoch repräsentiert selbst auch wieder keinen Eigenwert, sondern schöpft ihre Berechtigung, als sittlicher Wert zu erscheinen, nur aus der Tatsache, die Summe der in Beziehung stehenden Individuen zu sein. Bentham hatte die hier klaffende Lücke durch seine Forderung nach der »greatest happiness of the greatest number« auszufüllen vermocht. Sofern nun diese in dem Ideal vom nützlichen Gliede tatsächlich gemeint ist, hat es als Erziehungsziel einen zureichenden Sinn. Wird aber — wie es gegenwärtig meist geschieht — diese Interpretation abgelehnt, so hat die Formel mit dem Verlust ihres Realgrundes zugleich jeden verständlichen Sinn eingebüßt. —

Daß die ihr zugrunde liegenden, für uns jedenfalls nicht ohne erhebliche Hemmungen vollziehbaren Gedankengänge mitsamt ihrem stereotypen sprachlichen Ausdruck in dieser Form von weitgehender Wirkung bis auf den heutigen Tag — in der angelsächsischen Welt besonders — gewesen sind, beweist das Auftreten unserer Formel bei Herbert Georg Wells[99]), einem Manne, der sich anschickt, in England die überaus einflußreiche Rolle zu spielen, die einem Spengler in Deutschland zufiel; es ist aufschlußreich, daß gerade ihm und seinen Theoremen von namhafter Seite das Prädikat »einer sozialistisch und ethisch vertieften Aufklärung« gegeben wird [100]. —

Mir scheint mit dem Nachweis, daß es sich hier um ein der Aufklärung in ihrer positivistischen Ausprägung (falls man hier eine reinliche Scheidung durchzuführen glauben kann) entnommenes Ideal handelt, der wesentlichste Einwand dagegen ins Feld geführt. »Was einer wesentlich ist, das wird hier nicht gefragt, wenn er nur fleißig arbeitet.« »Ich wage es daher zu sagen: Wer so fleißig rackert und robotet .... mag eine trefflich laufende Zweckmaschine sein, menschenwürdig ist sein Gebahren nicht; ich hoffe, bei einiger Überlegung, wird das nur Pädagogen empören, die selbst nichts sind als Fachleute.« »Das Ideal aber, das der echten sozialen Fürsorge vorschwebt, ist kein Arbeitsideal und kein Arbeiteridol, sondern das Sinnbild von gütigen und barmherzigen Menschen.« »Wer aufgibt, Persönlichkeit zu werden, der mag ja ... das Tagespensum, .... statt des Anstandes die Korrektheit, statt der Berufung das Spießbürgertum, statt des helfenden Menschenadels die Versicherungspflicht, statt der Treue die Gewohnheit befürworten ... Ein vollkommenes Ideal der Normalität aber aufrichten, heißt die Persönlichkeit opfern.« »Den Satz: Was dem Menschen nützt, ist wert, — auch den hat man mit Recht bestritten ... so wenig wie aller Nutzen ein Gewinn für die Persönlichkeit, so wenig ist aller Schaden und alles Leid unwerte Persönlichkeitsminderung.« (Vgl. Wilker l. c.!) »Was haben sie uns die Menschheit engbrüstig gemacht, jene englischen Spießbürger des Geistes, als sie lehrten: Wert ist, was nützt und Glück bringt.« »Darum schmeckt das Wort vom nützlichen Mitglied nach Kegelabend [103].« An diese temperamentvollen Äußerungen des Bonner Phänomenologen mögen zwei Betrachtungen grundsätzlicher Art, die Kritik aufnehmend, angeknüpft werden. Die erste ist eine werttheoretische Überlegung: Soll der zu Erziehende nur »nützliches Glied der Gesellschaft« werden, so beruht sein eigener Wert nur auf dem, den er für andere hat, sei es nun für die Summe der einzelnen wirtschaftenden Subjekte — wenn der Begriff Gesellschaft im eigentlichen Sinne gedacht ist —, oder sei es für ihre Gesamtheit als Volk, Staat, Menschheit u. ä. Nun hat sich aber, seit Kants Metaphysik der Sitten [104]) die Überzeugung Bahn gebrochen, daß »der Mensch und überhaupt jedes vernünftige Wesen existiert als Zweck an sich selbst, nicht bloß als Mittel zum Gebrauch für diesen oder jenen Willen, sondern muß in allen seinen sowohl auf sich selbst als auch auf andere vernünftige Wesen gerichteten Handlungen jederzeit zugleich als Zweck betrachtet werden«. Es wäre also die Gültigkeit des kategorischen Imperativs in der zweiten speziellen Fassung, die Kant ihm gegeben hat, zu widerlegen, wenn die Behauptung der Gültigkeit dieses Ideals aufrecht erhalten werden sollte. Mit anderen Worten, der Wert des zu Erziehenden beruht lediglich auf seiner Fähigkeit, selbst, von sich aus, Werte anzuerkennen, zu setzen und um ihre Erfüllung bemüht zu sein, d. h. auf Grund eigenster Entscheidung Motive wirksam werden zu lassen, Zwecke danach zu bestimmen und Handlungen entsprechend einzurichten. Diese im pädagogischen Sinne eminent wichtige Möglichkeit, den Zögling sich selbst als Wertmittelpunkt erfahren zu lassen, wird aber ausgeschaltet, sofern er einer Absicht unterworfen wird, »die nicht nach einem Gesetze, welches aus dem Willen des leitenden Subjekts selbst entspringen könnte, möglich ist [105])«. Wenn nun weiter schon der Satz zu recht besteht, »Wo der rein ökonomische Gesichtspunkt herrscht, sinkt der Mensch notwendig und naturgemäß zu einem Mittel herab, das nach seiner Arbeitskraft, seiner Kapitalkraft, seiner Kaufkraft gewertet wird [106])«, so gilt das darin Ausgedrückte in gesteigertem Maße da, wo sich der rein ökonomische zu einem sozial-utilitarischen Standpunkt erweitert. Besteht nämlich im ersten Falle die Möglichkeit, daß der ökonomische Wert selbst der beherrschende im persönlichen seelischen Aufbau des Zöglings von vornherein gewesen sei, also das Gesetz anzugeben imstande wäre, welches aus seinem eigenen Willen entspringen könnte, so läßt der zweite Fall auch dafür keine Aussicht offen, insofern die ökonomische Wertbezogenheit des Subjekts ihren Sinn und ihre Berechtigung doch erst wieder an ihrer Einordnung in die Interessen der Gesellschaft erführe und daraus hergeleitet zu werden imstande wäre. —

Die zweite unserer kritischen Überlegungen dürfte einen mehr geschichtsphilosophischen Charakter tragen: Handelt es sich im vorliegenden wirklich um ein Ideal, dessen ursprüngliche Konzeption zum mindesten in dieser Gestalt der Aufklärung und zwar im Grunde ihrem englisch-positivistischen Zweige entstammt, so wäre damit der Erweis erbracht, daß es nicht nur seinen gegenwärtigen Gebrauch, sondern auch seinen geschichtlichen Ursprung einer Geisteslage zu verdanken hat, um deren Überwindung im Augenblick fast alle zukunftsträchtigen Bestrebungen auf kulturellem Gebiet ringen. Diese Geisteslage ist gekennzeichnet als eine extrem autonomische und rationalistische [107]) mit der Zielsetzung einer direkten Verwirklichung der reinen Form und in der Folge einer notwendig ungeheuren Entleerung aller Dinge und Beziehungen. Es handelt sich um eine außerordentlich aktive Ablehnung und Auflösung aller sakramentalen Weihungen des Gegebenen zugunsten einer kritischen Richtung auf das Aufgegebene, einer Preisgabe des gegenwärtigen Heiligen zugunsten des gesuchten Richtigen. Das bedeutet auf sozialem Gebiete die Vernichtung aller Formen der Gemeinschaft (cf. Tönnies) und ihre Ersetzung durch die »reine Gesellschafts- und Persönlichkeitsform«, deren Leere dann schließlich im günstigsten Falle in den Enthusiasmus für die geforderte universale menschheitliche Rechtsgemeinschaft umschlägt, im andern aber den gegebenen, vorfindlichen Formen gesellschaftlicher Art eine vorschnelle ethische Bedeutung zugesteht. In der Erhebung der von uns besprochenen Formel aber zum Ideal scheint dieser letzte Fall in aller Bedenklichkeit eingetreten und mit geradezu überraschender Unbekümmertheit festgehalten zu sein. Auf ökonomischem Gebiet zeichnet sich eine solche Geisteslage durch eine stets wachsende Erfassung der Dinge in ihrem rationalen Sachwert als Wirtschaftsmittel und folglich in einer Zerstörung der eroshaften Bindung von Person und Sache *). Das Ding wird als Ware bloßes Objekt eines unbegrenzten Herrschaftswillens. Diese aber muß schließlich um jener unendlichen Aktivität willen auf jeden inneren Gehalt verzichten und die erst gewonnene Form der freien Persönlichkeit wieder auflösen. Sowohl im sozialen wie im wirtschaftlichen Leben führt die rational-kritische Bemühung gegen ihren Willen zu neuen Bindungen, auf die gewollte Entleerung von allen sakramentalen Erfüllungen folgt eine andere ungewollte Erfüllung dämonischen Charakters. Beispiele zu

*) Zur Terminologie vgl. Paul Tillich »Grundlinien des religiösen Sozialismus«, Berlin 1923.

dieser Behauptung liegen in so großer Zahl offen am Tage, daß ihre Aufzählung sich hier erübrigt. Es ist hier nicht der Ort, die Frage nach einem Ausweg aus dem geschilderten Dilemma zu stellen, wir müssen uns an der darin gelegenen Kritik des Ideals vom »nützlichen Glied der menschlichen Gesellschaft« genügen lassen. Sofern es nämlich die empirische Gesellschaft ohne weiteres als einen Ort der Idealverwirklichung ansieht und außerdem zugleich die Gefahr der Sprengung der autonomen Persönlichkeit durch die Hypertrophie des Ökonomischen zu übersehen geneigt ist, steigert sich seine Fragwürdigkeit in pädagogischer Hinsicht. Mit dieser Feststellung ist zwischen dieser und der ersten kritischen Überlegung zum sozial-utilitarischen Ideal eine Verknüpfung hergestellt.

Nachdem die Polemik so ausgiebig zu Worte gekommen ist, bedarf es nur noch der ergänzenden Bemerkung, daß das utilitarische Erziehungsideal als ein Ergänzungsideal [108]) trotzdem seine Bedeutung [109]) nicht verliert. Gemäß der von uns anfänglich gemachten Einschränkung des Begriffes Erziehungsideal in der Jugendfürsorge muß darauf hingewiesen werden, daß für asoziale und antisoziale Zöglinge im besonderen Lubinskis [110]) Satz gilt: »Die sittliche Persönlichkeit, die erzogen werden soll, kann nicht erzogen werden ohne Rücksicht und ohne Beziehung auf ihre künftige Stellung innerhalb der bürgerlichen Gesellschaft«. Seine »theoretische Grundlegung« ergab, »daß das Erziehungsideal des einzelnen adäquat sein müsse dem Ziel der Gesellschaft«. An dieser Stelle bricht allerdings die Fragwürdigkeit des bestehenden gesellschaftlichen Zustandes vom pädagogischen Standpunkte aus erneut auf. Doch fällt die Behandlung dieser Frage nicht mehr unmittelbar unter die Kritik dieses Typs.

Die beiden folgenden Typen zeigen ihren höherwertigen Charakter darin, daß sie nicht sowohl Ergänzungs- als vielmehr Steigerungsideale sind *). Es ist wertlos, eine Kritik der Grundlagen des konfessionellen Erziehungsideals zu versuchen, da es keinen Standpunkt gibt, der dem Gebäude christlicher Weltanschauung und Haltung gegenüber eine evident höhere Warte darstellte. Dagegen ist es sehr wohl möglich, die von uns festgestellte Formel für das Erziehungsideal der konfessionellen

*) Zur Terminologie vgl. Müller-Freienfels: »Bildungs- und Erziehungsideale«, Leipzig 1921, S. 19 ff.

Fürsorgeerziehung in ihrer historisch gewordenen Tatsächlichkeit kritisch zu beleuchten. Und wenn wir uns erinnern, daß das Ziel der gegenwärtigen konfessionellen Fürsorgeerziehung darin bestand, ihre Zöglinge zu »gewissenhaften lebendigen Persönlichkeiten in der christlichen Gemeinde« zu erziehen, so sind es in der Hauptsache zwei Einwände, die zu Worte kommen müssen; ein soziologischer — und dieser kommt im Vergleich zum zweiten in gewissem Sinne doch von außen — und ein immanenter, aus der Tatsächlichkeit konfessioneller Fürsorge erwachsender. Während noch bei Wichern wenigstens annähernd von dem Vorhandensein der christlichen Gemeinde gesprochen werden konnte, ist heute zumindestens für den protestantischen Norden die Tatsache der christlichen Gesellschaft lediglich eine Fiktion. Es hat aber keinen Sinn, jemanden für das Leben in einer Gemeinschaft zu erziehen, die nicht vorhanden ist. Schwerwiegender aber ist noch die Tatsache, daß dieses Ideal im wesentlichen auf patriarchalische Verhältnisse zugeschnitten und in ihnen verwurzelt ist; das gegenwärtige Proletariat aber sich in völlig entgegengesetzter, im Auflösungsstadium begriffener, gesellschaftlicher Zuständlichkeit vorfindet und daher für die Möglichkeit eines Neugeborenwerdens auf dem Wege kirchlicher Religiosität einfach kein Organ mitbringt [111]). Nur in Parenthese mag angemerkt werden, daß sich der Proletarier gar nicht genug als Individuum empfindet, um den entscheidenden Punkt der Bekehrung, das Sünden-Gnadenerlebnis, so wichtig zu nehmen. — Der zweite Einwand erwächst aus dem historischen Faktum, daß es der Fürsorgeerziehung der Innern Mission z. B. nicht gelungen ist, das ursprünglich von Wichern bei aller Leidenschaft und Bestimmtheit sehr weitherzig gefaßte Ideal vor einer ganz erheblichen Verengerung und Verknöcherung zu bewahren. An die Stelle der gewissenhaften, lebendigen christlichen Persönlichkeit sind weithin methodistisch-pietistische Praktiken oder Laxheit getreten. Schon Wichern hatte protestiert gegen die »Christlichkeit« derer, die die Kinder so »unweise zu Gott drängen [112])«.

Beziehen wir unsere beiden Hauptaussetzungen an diesem Idealtyp aufeinander, gestehen wir also einerseits zu — was ja für weite Kreise der Innern Missionsarbeit außer Zweifel steht und bei Backhausen auch seine ausgezeichnete literarische Fixierung gefunden hat — daß eine feinfühlige und so einsichtige wie geschickte Religionspädagogik nur verschüttete Quellen wieder freigemacht, daß andererseits sich unter ihrer Einwirkung der Zögling zu einer Persönlichkeit gebildet habe, die im »Glauben an ein Absolutes, Wirkliches, Lebendiges, Übermenschliches« im Gewande des Christentums die Autonomie über ihr eigenes Ich gewonnen habe, so ist zwar zuzugeben, daß »die Nadel seines Lebenskompasses unter den Stößen der Sünde je und je augenscheinlich haltlos ausschlagen mag, aber doch wieder von dem ewigen Pol der Gnade Gottes angezogen wird und der Seele die Verheißung: Gerettet! winkt [114])«. Nicht übersehen werden darf jedoch bei einer derartigen Anerkennung und Zustimmung, daß eine solche Autonomie nur gewonnen ist um den Preis völliger Loslösung des Zöglings aus dem rudimentär doch noch vorhandenen Urboden seiner gesellschaftlichen Verflochtenheit, die eben — wie oben angedeutet — dadurch sich kennzeichnen läßt, daß die autonome Individualität in ihr einfach nicht vorhanden ist. »Wegen der Seltenheit ihrer (der Autonomie) gründlichen Durchführung ist der ausgesprochen autonome Mensch zur inneren Einsamkeit verurteilt, diese bedeutet schon an sich eine Quelle von Leiden. Zugleich gerät er mehr oder weniger in Konflikte mit den herrschenden kollektiven Anschauungen und Tendenzen und diese enden stets zugunsten der Gruppe [115]).« Dann wäre zweifellos seiner psychischen Kraft ein Übermaß an Leistung von seiten seiner Erzieher zugemutet worden; ist sie jedoch fähig, sie zu leisten, enden also die Konflikte zugunsten des Individuums, so ist der erzielte pädagogische Erfolg unter Außerachtlassung aller sozialpädagogischen Rücksichten zustandegekommen. Jede solche bloß moralische Herauslösung nämlich eines Individuums aus der Masse, das doch seine Lebenskreise weiter mit ihr zu teilen genötigt ist, bedeutet eine Vertiefung und Erschwerung des Massenschicksales. Besonders unausweichlich ist das der Fall, wenn die lebendigen Quellen einer solchen Autonomie von vornherein in absoluter Beziehungslosigkeit zur Mentalität der Masse sich befinden, d. h. wenn sie etwa in einer kirchlich bestimmten Religiosität bestehen. »Das religiöse und kirchliche Bewußtsein des Arbeiters macht nicht den Eindruck, als sei es allmählich zersetzt, durch einen längeren geistigen Prozeß aufgelöst, sondern es erscheint dem Beobachter einfach als vernichtet«. »Die religiösen Motive sind aus seinem Lebenskreis ausgeschaltet, es fehlt jegliches Verständnis und jegliches Interesse für sie [116]).« Es ist einleuchtend, daß ein solches Bewußtsein eben nicht nur die religiöse autonome Persönlichkeit in ihrem Kreise als schlechthin unbegreiflich, sondern im stärksten Maße als anstößig und Ärgernis erregend empfinden muß. Damit wäre dann den Kräften der Religion in noch erhöhtem Maße eine bindende und gemeinschaftsfördernde Einwirkung auf die Gruppe verwehrt, wenn auch und gerade sofern das Individuum sich ihrer erfreuen könnte [117]). — Es liegt nahe, diese kritischen Bemerkungen durch den Einwand zu entkräften, daß der Religion als solcher völlig gleichgültig sein könne, welche Konsequenzen sozialer Art an sich und für das Individuum daraus entstünden, daß »seine Seele gerettet« sei. Sowenig nun bezweifelt werden soll, daß sich ein solcher Einwand mit einer ganzen Reihe bedeutender Beispiele der Religionsgeschichte im allgemeinen wie im besonderen der Kirchengeschichte belegen läßt, so fraglich bleibt trotzdem seine Richtigkeit vom Standpunkte des Christentums *). Aber selbst die Berechtigung des Einwandes an sich zugegeben,

---

*) Es soll nur beispielsweise auf einige der bedeutendsten Dogmatiker verwiesen werden. Schleiermacher geht in seiner Glaubenslehre (Ausgabe: Berlin 1884, S. 8 f. des 2. Bandes) sehr ausdrücklich auf unser Problem ein: »Zweierlei wird . . . ausgeschlossen. Zuerst dieses, als ob es einen Anteil an der Erlösung und eine Beseligung des Menschen durch Christus geben könne außerhalb des von ihm gestifteten Gesamtlebens, so daß der Christ dieses entbehren und mit Christo gleichsam allein sein könne. Dieser Separatismus . . . zerstört das Wesen des Christentums, indem er eine Wirksamkeit Christi ohne räumliche und zeitliche Vermittlung postuliert, und er sich zugleich so isoliert, daß auch kein Fortwirken des in ihm gewirkten stattfinden kann. Das zweite, was ausgeschlossen wird, ist die Annahme, als ob ohne ein neu hinzutretendes und innerhalb des Gesamtlebens der Sünde selbst die besseren Einzelnen zu einer die Unseligkeit aufhebenden Annäherung an die Seligkeit gelangen könnten.« Denn die Sünde »ist als Gesamttat und als Gesamtschuld gesetzt; so bleibt auch nicht nur alle Tätigkeit des Einzelnen ein Mithervorbringen und Erneuern der Sünde, wenn es auch noch so starke Gegenwirkung gegen einzelnes Sündliche in sich schließt; sondern auch alles Zusammentreten der bezüglich besten Einzelnen bleibt doch nur eine Organisation innerhalb jenes Gesamtlebens der Sünde selbst. Daneben ist aber auch vor allem auf Ernst Troeltschs Arbeiten zu verweisen, die sich, soweit sie theologisch sind, alle irgendwie um den in Frage stehenden Gedankenkomplex drehen; insbesondere auf Bd. 1

fehlt ihm doch jede Durchschlagskraft als Argument gegen unsere Ausstellungen am Erziehungsideal der konfessionellen Jugendfürsorge. Denn nicht darum handelt es sich, ob es der Religion gelingen könnte, die Einzelseele unter Außerachtlassung ihrer sozialen Verflochtenheit zu erretten oder (dies vorausgesetzt) ob eine solche Erfassung der Seele in ihrer atomhaften Vereinzelung nicht dem Wesensgesetz der Religion und ganz besonders dem Christentum widerspräche, sondern ganz allein darum, daß dies Ideal in der konkreten geistigen Lage der Gegenwart für die Jugendfürsorge, die nun einmal eine öffentliche Angelegenheit bleibt, und in erhöhtem Maße für ihr Kerngebiet, die Fürsorgeerziehung, die darüber hinaus sogar ein Aufgabengebiet des Staates ist (vgl. dazu den Kommentar zum preußischen Ausführungsgesetz zum RJWG. von Paul Blumenthal-Polligkeit, Berlin 1924) von zweifelhaftem Wert ist. Mit aller Deutlichkeit soll dagegen der Ton darauf gelegt werden, daß damit nichts über den Wert des konfessionellen Erziehungsideales an sich ausgesagt sein muß; das rein Religionspädagogische stand hier nicht zur Debatte. — Zusammenfassend läßt sich also behaupten, daß einer Durchführung des konfessionellen Idealtyps sowohl von individuell- als auch von sozial-psychologischen Gesichtspunkten her nicht unerhebliche Bedenken entgegenstehen.

Wenn heute der Gedanke der Lebensgemeinschaft wieder Wurzel in der konfessionellen Fürsorgeerziehung schlägt, so sind das zweifellos Einwirkungen des dritten Typs auf den zweiten [118]).

Mit dieser Feststellung wenden wir uns nun der kritischen Betrachtung dieses dritten Typs zu. Die Vorläufigkeit der inhaltlichen Bestimmung des Erziehungsideals der Jugendbewegung und des Sozialismus in der Jugendfürsorge wird seine Kritik zu einer besonderen Schwierigkeit machen, die nur unter Wahrung aller erdenklichen Vorsicht gelöst werden kann. Verbunden ist dieser Typ mit dem zweiten in der Erkenntnis, daß das Ideal nur durch eine »innere Umwandlung«, eine »Neugeburt«, eine »Umwälzung« erreicht werden kann,

---

Schluß und Bd. 4 Einleitung. Unter der Fülle der zeitgenössischen Bemerkungen zum Thema seien die Arbeiten Paul Tillichs hervorgehoben (neben der »Religionsphilosophie«, »Masse und Geist«, Berlin 1922, und »Kirche und Kultur«, Tübingen 1924).

wobei dieser Akt im Grunde zugleich als Weg und Ziel gedacht wird. Der Begriff der Umwälzung gibt aber Veranlassung zu einer ersten Aussetzung. De facto hängt ihm zuviel von »Revolution« als dem Willen zum Umsturz, nicht zur Wandlung, an, und zwar oft als das konstituierende, nicht als akzidentielles und komplementäres Prinzip. Von hier aus wird dann meist mehr kein positives Verhältnis zur Welt hic et nunc gefunden, und der Sprangersche Terminus vom habituellen Negativismus bekommt seine Berechtigung. Das liegt nicht unbedingt im Ideal als solchem, das wie das christliche durchaus primär als ein innerliches zu fassen ist, ergibt sich aber fast mit Zwangsläufigkeit bei dem Versuch seiner Verwirklichung. Es ist eben ungeheuer schwer, Ungebundenheit und Spannung der revolutionären oder jugendlichen Haltung nicht in umstürzlerisches Tun abgleiten und sich lediglich in der auflösenden Betriebsamkeit erfüllen zu lassen, besonders eben dann, wenn alle historischen Stützen, Bindungen und Traditionen entweder fehlen oder verleugnet werden. So »schwankt unsere Jugend zwischen einer aktivistischen Verachtung der Geschichte, die die Werte der Zukunft aus originaler Kraft neu begründen will, und einem Drang nach Synthese und Zusammenschau, der aus dem Gewesenen die Zukunft organisch gestalten möchte [119])«. Es ist vielleicht das Verhängnis der Jugendbewegung in der Jugendfürsorge, daß sie durch ihre Verkopplung mit dem Sozialismus der zweiten dieser Beobachtungen Ernst Troeltschs nie entsprochen hat.

Der zweite Einwand findet seinen Ansatzpunkt an den Begriffen der Harmonie und der Totalität im Erziehungsideal. Bevor wir jedoch näher darauf eingehen, müssen wir eine kurze Überlegung anstellen, ob es denn möglich sei, daß sich zwei logisch doch offenbar ausschließende Begriffe wie »Revolution« und »Harmonie« zugleich und zwar sinnvollerweise in einem Ideal vorfinden können. Sofern beide Begriffe primär und ursprünglich Angaben des zu erreichenden Zieles sein sollen, ist das sicher nicht denkbar. In einem solchen sozusagen letztgültigen Sinne ist auch tatsächlich nur der Begriff der Harmonie Ingrediens des Erziehungsideals der Gruppe der Lebenserneuerung. Sie erscheint nun aber in diesem Zusammenhange nicht als etwas, was lediglich durch beständig erneute ethische Bemühung des Menschen und nur in unendlicher Progression näherungsweise erreicht werden könne und worauf zunächst und ursprünglich seine Natur nicht angelegt sei, sondern in striktem Gegensatz dazu nur als die einfache Wiederherstellung seines wahren seelischen Zustandes, als die einsichtige Rückkehr in die Gemüts- und Geisteslage, in der der »natürliche« Mensch sich immer dann vorfinde, wenn er entweder von den Folgen des Eingespanntseins in und einer aktiven Teilnahme an dem eigengesetzlichen Leben der Kultur unberührt geblieben ist oder sich doch von ihnen freigemacht hat. Eine Überzeugung, die zweifellos auf einen Zusammenhang mit dem religiösen oder profanen Naturrecht hindeutet; für den Sozialismus ist dieser Zusammenhang ja auch historisch erhärtet (z. B. erst jüngst wieder von Werner Sombart), was die Jugendbewegung anlangt, dürfte sich eine unmittelbare Verbindung kaum nachweisen lassen, jedoch handelt es sich bei diesen Gedankengängen um Ideen von so überzeitlicher Bedingtheit, daß sie auch außerhalb des Stromes geschichtlicher Kontinuität von jeder Generation, deren Geisteslage sie innerlich angemessen sind, original und aufs neue konzipiert werden. Diese »urständliche« Harmonie gilt es also, im Sinne der Lebenserneuerung wiederzugewinnen. Das kann nur geschehen durch einen Akt geistigseelischer »Neugeburt«, eine innere Umwandlung, eine Revolution des ganzen Menschen. Da nun der so Gewandelte sofort wieder mit Notwendigkeit von neuem in die ihn zerteilenden und verwirrenden kulturellen Beziehungen verflochten wird, bleibt ihm nichts anderes übrig, als sich um der zu gewinnenden Harmonie willen einer beständigen inneren Revolution zu verschreiben, muß ihm die Fähigkeit, in jedem Augenblick sich zu wandeln, als die unerläßliche Vorbedingung zur Harmonie erscheinen. Und so geschieht es denn, daß neben die Harmonie in das Ideal dieser Gruppe die Geschicktheit zur Sinnesänderung, zur Metanoia tritt, dem Sinne nach zunächst nur ein Vorläufiges, in der Tat aber gleichberechtigt mit jener und unzertrennbar von ihr, selbst wieder den Begriff der Harmonie in eigentümlicher Weise färbend. Diesen Begriff, der eng verwandt ist mit dem der Totalität menschlichen Wesens, also gedachten wir einer kritischen Würdigung in seiner Bedeutung für das Erziehungsideal der »Lebenserneuerung« zu unterziehen. Es ist sehr bezeichnend, daß Lubinski zur Verdeutlichung des Wilkerschen Ideals einen Ausspruch Hölderlins aus dem Hyperion anführt: »Doch einer, der ein Mensch ist, kann der nicht mehr denn Hunderte, die nur Teile sind des Menschen?« Damit ist eine starke Verwandtschaftslinie zwischen diesem Idealtyp und dem klassischen deutschen Idealismus der Dichter und seiner vorwiegend ästhetischen Lebensgestaltung aufgedeckt: Die Begriffe der Totalität (Humboldt und Schiller) und Harmonie (Shaftesbury) stammen gradlinig von dort. Auch sie sind nicht mehr mit Notwendigkeit nur ästhetisch erfaßt und gedacht, doch droht das Erziehungsideal mit ihnen stets in einen bloßen Ästhetizismus umzuschlagen. Wie in diesem Idealismus ist das absolut Ethische erst sekundär. War die Rückführung des ersten Typs auf die Aufklärung schon eine kritische Ausstellung, so muß die des letzten auf den bezeichneten Idealismus ein gleiches bedeuten. Eine humanistische Renaissance kann heute nicht mehr, und vor allem in der Fürsorgeerziehung nicht, genügen. — Wir haben es uns versagt, unsere Behauptung des Nebeneinanderbestehens von »Revolution« und »Harmonie« im Erziehungsideal unseres dritten Typs aus der Fülle der dazu getanen Äußerungen zu belegen, wollen aber statt dessen nun eine Stelle zitieren, die zwar den Zusammenhang mit der lebendigen Bewegung und der Weltansicht, die hinter diesem Idealtyp stehen, nicht verleugnet, jedoch auch schon selbst das Fragezeichen dahinter setzt, das für die Entwicklungskrise der Bewegung bereits symptomatische Bedeutung erlangt hat. Mit der feinen Einfühlung der Frau und der warmen Teilnahme des unter dem gleichen Schicksal stehenden Menschen hat Trude Mennicke [120]) diese Dinge in ihrer ganzen gleichzeitigen Positivität und Fragwürdigkeit dargestellt: »Aber es war nicht Flachheit oder bloße Betriebsseligkeit, was sich in diesem gläubigen Optimismus ausdrückte . . . . diese gradlinige Gläubigkeit und Wirkungsfreudigkeit kam aus einem tief ursprünglichen Gefühl von Kraft. Dieselbe Ahnung von der Urschönheit und Urganzheit des Lebens, die uns überkritisch überwählerisch gemacht hatte, hatte in ihnen (den jungen Menschen beider Gruppen nämlich, der Jugendbewegung wie des Sozialismus) einen Rausch von Freude entzündet, in dem alles Wissen von Grenze und Widerstand verbrannte. — Und es war nicht bloß Rausch, es war ein Lichtkern von Freude und Kraft, der seine Strahlen in alle Weiten schickte. Einfach gradlinig, wie Sonnenstrahlen sind.

Man sah sie schon wachsen: eine neue Erziehung, eine neue Schule, eine neue Ehe, eine neue Gesellschaft, Wirtschaft, Politik, — eine neue Religion. Und alles nur aus dem unerschöpflichen Urgrund Natur herauf. — Zurückfinden in diesen Urgrund, das war alles, was not tat. Man riß, man schnitt vom Leben alles ab, was man nicht als eine gradlinige Abstammung aus der Natur heraus beweisen konnte . . . und merkte nicht, daß man die Natur, die große Unbekannte, die ja gerade im Geschöpf »Zivilisationsmensch« ihre tiefste Dunkelheit erreicht . . . auf diese Weise rationalisierte und beleidigte. Man war nur verwundert, daß man nie zu Ende kam, daß der »einfache Mensch« trotz aller Rasierversuche nie zum Vorschein kam.«

»Es zeigt sich hier die heutige Problematik der Jugendbewegung: daß diese Bewegung sich zwar erst dann erfüllt hat, wenn sie der Jugend ganz zu ihrem Recht verholfen hat, daß sie aber nun schon darüber hinaus ebenso Lösungen finden muß, die auch noch, ihrem Geiste nach, gültig sind für die Zeit des Mannesalters«, können wir mit Charlotte Lütkens [121]) — wiederum unsere beiden Aussetzungen zusammenfassend — sagen. Es wird hier also zugegeben, daß sowohl alle die Gesinnungen und Ereignisse, die zu dem führten, was sich unter dem Namen einer mehr äußeren Emanzipation, einer Lebensreform, umschreiben läßt, als auch der idealistische Optimismus, mit dem man an die Durchführung des Gekennzeichneten ging und an ihre Endgültigkeit glaubte, zeitlich bedingte Notwendigkeiten waren und teilweise noch sind, daß aber Gefahr im Verzuge ist, insofern als es nun darauf ankommt, »unter Aufrechterhaltung des Bekenntnisses zu dem Geist der Gemeinschaftsbildung in die Gegenwart hineinzugehen, d. h. durch Eingliederung und entsprechende sachliche Umstellung diese Art von Gemeinschaftskreisen aus einem bloß gegenwartsfeindlichen Sektenwesen zur gesellschaftsbildenden Keimzelle zu machen«. Mit anderen Worten: die in der Findung des hier behandelten Idealtyps verbundenen Gruppen des Sozialismus und besonders der Jugendbewegung werden noch zu erweisen haben, ob es ihnen gelingt, die Konsequenzen zu ziehen, die von ihnen gefordert sind aus ihrer eigentümlichen Lage heraus, eine gesellschaftliche Bewegung von nunmehr schon mehreren Generationen darzustellen, deren treibender Grund jedoch in jugendpsychologischen Motiven besteht; ob sie also imstande sein werden, die von ihnen in ihrer Eigenart als Jugendliche konzipierten Werte und Wertverwirklichungstendenzen als solche weiterhin anzuerkennen und in der ihnen nun als Erwachsene gemäßen, neuen und männlicheren Art auch zur Durchführung zu bringen. Karl Mennicke [122]) formuliert das vorliegende Problem so: »Der sozialpädagogische Wille muß, um wirklich fruchtbar zu werden, die ganze Geduld in sich aufnehmen, an die gegebenen Voraussetzungen anzuknüpfen. Er muß sich der Schwergewichtigkeit der gesellschaftlichen Zustände bis zum Grunde bewußt bleiben. Um es noch stärker auszudrücken: Er muß sich seiner Ohnmacht den gegebenen Verhältnissen gegenüber bewußt sein — und darf doch nicht erlahmen.« . . . er »muß lernen, ganz konkret zu werden. . . . er muß erkennen, wie fragwürdig die jugendliche idealistische Vorstellung als solche ist, wie sie ihren Sinn nur finden kann dadurch, daß sie zum konkreten Dienst am unmittelbar Gegenwärtigen herabsteigt.« — Mit alledem soll keineswegs gesagt sein, daß nicht schon gegenwärtig sehr bedeutsame Ansätze in Richtung auf eine damit angedeutete Konkretisierung der Haltung in dieser Gruppe und infolgedessen auf eine Verdeutlichung und materielle Erfüllung ihres Erziehungsideals allenthalben spürbar wäre; gerade auf dem Gebiete der Jugendfürsorge zeigt das die letzte Entwicklung in wünschenswerter Klarheit. Jedoch sollte darauf hingewiesen werden, daß von einer weitgehenden Durchdringung der Bewegung mit dieser Erkenntnis und Gesinnung auch die Zulänglichkeit ihres Erziehungsideals abhängig sein dürfte.

Weit weniger verspricht die gegenwärtige Lage in einem andern, damit eng verwachsenen Bezug eine gleich sichere zukünftige Entwicklung. — Wenn oben auf den geistigen Zusammenhang dieser Gruppe der »Lebenserneuerung« mit humanistischen und idealistischen Gedankengängen hingewiesen wurde, wenn weiter direkte Einwirkungen aus der letzten Epoche ihrer historischen Verwirklichung besonders auf die Jugendbewegung fraglos vorhanden sind, so sind beide Kreise, der zweite Humanismus und unsere Gruppe der »Lebenserneuerung«, doch in einer Hinsicht auf das allerdeutlichste unterschieden, die mit den Worten Eduard Sprangers im folgenden angedeutet werden soll: »Die jeweilige Jugend ist eine Hoffnung, kein Maßstab, die jeweilige Erziehergeneration ist eine Macht, aber deshalb keine Norm«; und als Position zu diesem Urteil: »Ohne den Glauben an ein Klassisches gibt es keine Erziehung [123]).« So sicher nun etwa dem konfessionellen Erziehungsideal seine Klassizität nicht abgesprochen werden kann — was auch Spranger selbst betont — so wenig wird man unserm dritten Idealtyp das Prädikat des Klassischen zugestehen können, wenn anders »klassisch im weitesten Sinne« solche »Darstellungen geistigen Menschentums sind, die kraft ihrer einfachen, typischen Struktur, kraft ihres überlegenen Wertgehaltes und kraft ihrer anschaulich plastischen Form geeignet sind, als dauernde Vorbilder in dem geistiggeschichtlichen Lebensstrom, der von ihnen ausgeht, zu wirken.« Mag man geneigt sein, die beiden ersten in dieser Definition enthaltenen Forderungen für erfüllt anzusehen, daß dies Ideal in anschaulich-plastischer Form gegeben sei, wird man besonders dann nicht behaupten können, wenn man die weiteren Ergänzungen Sprangers zu dieser Formel in Betracht zieht. Zwar wird man diesem Ideal nicht vorwerfen können — es ist im Gegenteil weithin mit großer Hingabe durchgelebt —, daß es ein bloß gedachtes sei, in dieser Hinsicht genügt es also der Forderung nach Anschaulichkeit; einer andern Bedingung kommt es aber nicht nach, daß es einmal Wirklichkeit »gewesen« sei, daß eine konkrete, am besten persönliche Darstellung seine Existenzmöglichkeit über allen Zweifel mit zündender produktiver Kraft erwiesen habe, ganz zu schweigen davon, daß infolgedessen natürlich auch kein genetisch-historischer Zusammenhang zwischen dieser geistigen Form und dem sich nach ihr Richtenden, kein Abstammungsverhältnis sie in eminentem Maße zu einer für ihn verbindlichen und verpflichtenden machen kann *). Ist also die Forderung klassisch zu sein für ein Erziehungsideal unerläßlich, sind weiter die Merkmale des Klassischen hier richtig herausgestellt, so ergeben sich schwere Bedenken gegen ein Ideal, das, um überhaupt zum Ausdruck zu kommen, nur in einer merkwürdig schwebenden und uneigentlichen Weise ausgesprochen werden kann. Diese Bedenken würden dadurch gewichtiger werden

*) Die obigen Sätze geben nach Möglichkeit die Worte Sprangers wieder, auch wo das nicht besonders kenntlich gemacht ist.

können, wenn sich herausstellen sollte, — worüber weiter unten gehandelt werden muß —, daß die damit gegebene Unanschaulichkeit diesem Ideal nicht nur als eine vorläufige Unentwickeltheit akzidentiell, sondern wesentlich anhaftet, weil es sich etwa um einen neu durchbrechenden, unmittelbar unaussprechlichen Gehalt drehen könnte; daß also die geforderte Annäherung an die ästhetische Gestaltung grundsätzlich für seine Darstellung und Erfassung ausscheide. Gemildert wird dieser schwerwiegende Einwand gegen die Möglichkeit dieses Ideals nur durch den Hinweis, daß wir es ja nicht mit einem Bildungs-, sondern lediglich mit einem Erziehungsideal zu tun haben (vgl. die Einleitung).

## Das normative Erziehungsideal in der Jugendfürsorge.

Der Versuch der vorliegenden Kritik unserer Idealtypen bedarf einer Rechtfertigung, die einerseits die Aufgabe hat, die einzelnen Aussetzungen in ihrer inneren Verbundenheit zu zeigen, andererseits aber wie die Kritik selbst noch zur Verdeutlichung der Typen an sich beizutragen. Jede Kritik einer geistesgeschichtlichen Tatsache kann ihre Berechtigung nicht allein aus dem Hinweis auf eine in ihr wirksame, immer mehr oder minder subjektive bloß intellektuelle Besinnung schöpfen, sondern muß sich auf ein Bewußtsein berufen können, das zwar in sich keine Weissagung auf Zukünftiges enthalten kann, jedoch selbst in der konkreten Spannung von Gegenwärtigem und Zukünftigem, aus der allein eine neue Schöpfung herauszutreten vermag, in der Erkenntnis und Erfassung des Aufgegebenen und Kommenden aus dem unmittelbaren Zusammenhange mit dem in der Gegenwart Gegebenen stehen muß. Dieser Forderung dürfte also weder ethische Reflexion über das Gesollte und Geforderte allein, geschweige denn ein romantischer oder rationaler Utopismus gerecht werden, sondern lediglich eine Haltung, die am ehesten noch als Prophetie zu bezeichnen wäre, falls darunter, die gegenseitige Durchdringung von Geschichtsmetaphysik einerseits und Ethos andererseits zu einer religiösen Geistesfunktion verstanden werden soll [124]. So fordert denn der gemachte Versuch einer Kritik von sich aus nicht nur als seinen Abschluß, sondern vielmehr als seine Begründung zum mindesten die andeutungsweise Fortführung der in den Idealtypen aufgezeigten Linien zu einem Ziel, das als Norm anerkannt zu werden und zugleich zu einem künftigen Ideal zu werden vermag; d. h. der Versuch einer Kritik kann nur dadurch sinnvoll und möglich erscheinen, daß diese Kritik selbst den Anspruch erheben kann, aus einer schöpferischen Position zu stammen.

Die Frage nach dem Ursprung einer solchen Norm ist implicite schon des öfteren berührt worden, hier sei auf die Bestimmung Ernst Troeltschs [125]) hingewiesen, daß das Normativ-Gültige aus dem Psychologisch-Tatsächlichen in ernsthafter Vergleichung, Besinnung und Versenkung als übereinstimmender Zug der psychologischen Bildungen erfaßt werden muß, ein Zug, der zugleich auf ein bestimmtes, seiner allgemeinen Richtung nach bekanntes Ziel hinweist. Das hat zu geschehen »in einer Tat des Willens, nicht der beliebigen Willkür, aber einer besonderen Entscheidung, die es darauf wagt, das Richtige getroffen zu haben, und die an der Möglichkeit der Deutung des Lebens von diesem Ziel aus ihre indirekte Bestätigung hat.« Das, was hier als psychologisch-tatsächliches Element im Prozeß der Normierung angesprochen wird, werden wir in unserem Zusammenhang besser als die geistesgeschichtlichen und historisch-soziologischen Tatsachen bezeichnen, die zu einer Idealbildung geführt haben, wie wir bemüht waren, sie in unserer Typologie anzudeuten. — Mit diesem Hinweis sollte — wie wir resümieren können — darauf hingewiesen werden, daß die Feststellung eines normativen Erziehungsideals in der Jugendfürsorge kein Akt von einer ins Absolute schlechthin und überzeitlich Gültige sich erstreckenden Bedeutsamkeit sein könne, jedoch auch keine Bildung lediglich aus subjektiver Willkür und Phantasie, sondern eine zum mindesten für die Gegenwart Geltung beanspruchende Heraushebung der wertvollen Elemente aus den in ihrer Abhängigkeit von sozialen Gruppen und ihren Ideologien doch in weit stärkerem Maße bloß tatsächlichen, vorliegenden Idealtypen. Diese Heraushebung des Bleibenden aber kann nur geschehen in dem Bewußtsein, daß damit ein Anschluß an sich auch außerhalb eines solchen Aktes gestaltende Entwicklungen geistiger und gesellschaftlicher Art gesucht wird, in der Erkenntnis, daß πεπλήρωται ὁ καιρός. — Die vorangehenden Überlegungen nehmen dem so gesuchten gültigen Erziehungsideal in keiner Weise den Charakter des Normativen, d. h. Gesollten. Gewiß kann der Absolutheitsanspruch einer Erziehungsnorm in der Jugendfürsorge, also innerhalb einer einmaligen historischen Erscheinung von sehr begrenztem Umfange und einer durchaus individuellen, durch eindeutig bestimmte geschichtliche Konstellationen bedingten Ausprägung, — gewiß kann ein solcher Absolutheitsanspruch nicht in dem Sinne gedeutet werden, daß damit ein für allemal die Frage nach dem Erziehungsideal der Diskussion enthoben und so ohne Rest gelöst sei, daß die Befolgung der Norm auch dann geboten bliebe, wenn die gesamte geistig-gesellschaftliche Zeitlage sich grundlegend gewandelt hätte und mit dieser Wandlung Form und Inhalt einer etwa dann noch geübten gesellschaftlichen Jugendhilfe völlig andere geworden wären. Ein solcher Absolutheitsanspruch, der auch die inhaltliche Gestaltung der Norm mit dem Stigma der Unbedingtheit und Zeitentrücktheit versieht, kann bestenfalls den aus den fundierenden Sinnfunktionen des menschlichen Geistes hergeleiteten Grundnormen zukommen *). Normen von der Dignität des Erziehungsideals in der Jugendfürsorge e. g. hingegen, die erst in der Zusammenordnung mit anderen ihres Ranges eine in sich geschlossene, von einer fundamentalen Werthaltung her bestimmte Gruppe zu bilden vermögen, können für ihre inhaltliche Bestimmtheit nicht den gleichen Anspruch auf ewige Gültigkeit erheben, und zwar allein schon deswegen nicht, weil sie, um für die ihnen zugeordneten Lebenssphären brauchbar zu sein, nicht lediglich leere Formalprinzipien sein dürfen, sondern ein Höchstmaß konkreter Erfüllung und materialer Bestimmtheit enthalten müssen. Wenn man sie deswegen als vergleichsweise relative ansprechen zu müssen glaubt, so ist dagegen solange nichts einzuwenden, als damit keine Aussage über ihre Form als gesollte Sätze, d. h. über ihren normativen Charakter im engeren Sinne, also abgesehen davon, was durch sie inhaltlich gefordert ist, gemacht wäre. Denn in diesem eingeschränkten Bezug bleibt ihr Absolutheitsanspruch durchaus berechtigt;

*) Vgl. Husserl: »Logische Untersuchungen« Bd. I, besonders 1. und 2. Kapitel, Halle 1922.

für denjenigen, an den diese Normen sich allein wenden, d. h. an alle, die hic et nunc, rebus sic stantibus Jugendfürsorge treiben, z. B., tragen sie den Charakter der unbedingten Forderung, des Gesolltseins. Damit zugleich haben sie eine Gültigkeit überzeitlicher, ewiger Art, cum grano salis freilich, insofern der Begriff des Ewigen nicht mit dem unendlicher Zeit gleichgesetzt wird, sondern gerade als das der zeitlichen Formung und Bedingtheit nicht mehr Unterliegende und sie wesentlich Überwindende gefaßt wird. So verstanden haftet also auch dem normativen Erziehungsideal in der Jugendfürsorge nichts von Relativität an: es hat einen Sinn nur innerhalb einer individuell-einmaligen Geisteslage *), aus der es erwachsen ist, aber in ihr ist es schlechthin gültig; ob es innerhalb einer anderen denkbaren Geisteslage ebenfalls gültig sei, ist eine abwegige, hier nicht interessierende Frage von nur mehr historischem Belang. Die folgenden Ausführungen dürften das noch beleuchten.

Bevor wir nämlich an den Versuch einer inhaltlichen Durchführung des so als notwendig und methodisch möglich gekennzeichneten, im prägnanten Sinne normativen Ideals gehen, ist jedoch noch einem Einwand zu begegnen, der der Behauptung, es sei möglich, dieses Ideal — wenn auch nur in seinen Grundzügen — über seine bloße formale Denkbarkeit hinaus auch material darzustellen, entgegengestellt werden kann und entgegengestellt worden ist. Es wird auch auf dem eingeschränkten Gebiet der Fürsorgeerziehung aus nicht indiskutablen Gründen die Forderung nach einem uneingeschränkten Relativismus der Zielsetzung erhoben: »Wir müssen einsehen, daß eine einfache inhaltliche Zielsetzung heute nicht möglich ist, wenn man die historisch bedingte Struktur der Menschen und des Kulturgutes und die besonderen Schwierigkeiten unserer Zeit in Betracht zieht. Und bei den »Verbrechern« haben wir es nicht mit wesentlich anders strukturierten oder einfacheren Menschen zu tun. Denn auch sie sind vollkommen in die verschiedenen, sich schneidenden und streitenden Richtungen dieses Kulturganzen eingebettet; im Gegenteil: sie scheinen sogar durch ihre Asozialität und die ihr zugrunde liegenden

*) Zum Begriff der Geisteslage vgl. Paul Tillich: »Die religiöse Lage der Gegenwart«, Berlin 1926.

Motive oft noch komplizierter zu sein [126]).« Wenn auch an dem damit berührten Zweifel durchaus ein berechtigter Kern übrigbleibt, so lassen sich doch die in diesen Sätzen erhobenen Einwendungen in hohem Maße auf ein Minimum reduzieren. Einmal stehen sich ja gar nicht sämtliche kulturellen Tendenzen der Gegenwart für eine Idealbildung in ihrem Anspruch entgegen; schon mit der Feststellung, daß es sich hier nicht um ein Bildungsideal, sondern um ein Erziehungsideal, das von jenem unabhängig bleibt, handeln kann, ist ja der Hinweis darauf gegeben, daß dieser Kampf aller gegen alle, sofern er nicht schon an sich durch eine Reihe von historischen Komplexionen sehr weitgehend vereinfacht ist [127]), vor den Toren der Jugendfürsorge ausgefochten sein muß, und daß nur diejenigen »Kulturgüter« in den Bezirk der Jugendfürsorge zugelassen werden, die sich als pädagogisch wirksame wirklich auf die Dauer legitimieren können. Schließlich verengt sich die Zahl der Rechte geltend machenden Parteien wieder dadurch, daß nur solche Kulturträger in Frage kommen, die einerseits an einer ins Große gehenden sozialpädagogischen Beeinflussung der ganzen Gesellschaft interessiert sind und dabei auch andererseits die Kraft besitzen, sich um eine vom Standpunkt der Kultur und ihrer Förderung durchaus artminderwertige Gruppe von Zöglingen intensiv zu kümmern. D. h. — wie wir gesehen haben — daß tatsächlich nur drei umfassende Ansprüche, das Ideal von sich aus zu gestalten, angemeldet werden. In ihrer tatsächlichen Verflochtenheit untereinander aber, wie in dem eben angedeuteten Interesse, das sie von den übrigen großen Kulturträgern trennt, liegt durchaus ein Moment, das zu ihrer Reduzierung und Vereinheitlichung auffordert und Wege weist, wenn auch nicht verkannt werden darf, daß eine solche Unifizierung nur idealiter, nicht aber sofort auch in praxi gefordert sein und in Angriff genommen werden dürfte. Zum andern aber ist auch der Behauptung entgegenzutreten, daß das Erziehungsideal endlosen Variationen, entsprechend der jeweiligen Wertstruktur des zu erziehenden Individuums, zu unterwerfen sei; fraglos finden alle die Unternehmen, die auf eine Beeinflussung, Formung und Ausbildung dieser Wertstruktur hinzielen, nur in denjenigen Sphären einen tragfesten Ausgangs- und Ansatzpunkt für ihre Arbeit, die dem Lebensmilieu des Zöglings angemessen sind: Dieses Milieu aber ist im Verhältnis zu anderen Zöglingsgruppen gesehen ein relativ einheitliches, eben die wurzellose proletarische Existenz; also nicht einmal die Ansatzpunkte einer Einwirkung im Sinne des Ideals müssen — wie es sonst weithin notwendig ist — bedeutend individualisiert werden.

Bleibt schließlich nach Erledigung der objektiven und der auf sie bezogenen Faktoren noch die auf das rein Subjektive gehende Behauptung, der seelische Gesamtaspekt dieser Zöglinge sei vielleicht noch komplizierter als der der normalen. Dem ist natürlich nichts zu entgegnen, wenn die vom Standpunkt der allgemeinen Jugendpsychologie noch erheblich vermehrte Undurchschaubarkeit, erschwerte Erklärbarkeit und schließlich Verständlichkeit dieses Seelenlebens und seiner Motivationen gemeint ist; hier handelt es sich aber ja gar nicht um eine psychologische Analyse des nicht normalen Seelenlebens dieser Jugendlichen und seiner Funktion, sondern um die Feststellung der in ihm wirksamen »Kulturgüter«, um die Erfassung der in ihm lebendigen Sinnrichtungen. Und in dieser Hinsicht unterliegt es wohl keinem Zweifel, daß diese nach Zahl, Tiefe und gegenseitiger Konfliktsmöglichkeit nicht nur dem Wertbewußtsein der normalen Jugendlichen nicht gleichkommen, sondern um vieles hinter diesem zurückbleiben, also eine geringere Kompliziertheit aufzuweisen haben werden. Der Urheber des Einspruchs sagt selbst: »Die Grenzen der Reifungsmöglichkeit sind bei vielen Gefangenen oft recht eng gezogen«, und folgert richtig: »Wir wollen die Jugendlichen zu dem höchsten Wertgrad erziehen, der für sie erreichbar ist[128])«. Das heißt aber mit anderen Worten, es ist gar keine so sehr erhebliche Mannigfaltigkeit individueller Wertstrukturen vorhanden, die von sich aus auf diesem Gebiete nach einer Individualisierung des Erziehungsideals in hohem Maße verlangte. Im Gegenteil, da es sich hier häufig um Zöglinge handelt, deren Individualität so wenig reichhaltig, so wenig bestimmt, so flach ist, daß von einer Wertstruktur überhaupt kaum die Rede sein kann, wird es eine der Aufgaben eines normativen Erziehungsideales sein, diesen Mangel dadurch zu ersetzen oder mindestens weniger spürbar zu machen, daß es dazu beiträgt, in ihnen eine bestimmte »innere und äußere Haltung« anzubahnen, — wie sie durch das Leben in einer wirklichen Erziehungsgemeinschaft erworben wird. Daß eine solche Aufgabe nur von einem Ideal erfüllt werden kann, das einen möglichst lapidaren, typischen und einheitlichen Charakter trägt, ist selbstverständlich [129]).

Wir können uns also dahin zusammenfassen, daß die angeführten Begründungen des Einwandes gegen eine inhaltliche Skizzierung eines einheitlichen Erziehungsideals doch nur wenig stichhaltig sind, der Versuch also ihretwegen wohl unternommen werden kann. Der berechtigte Kern des Einspruches jedoch, von dem die Rede war, liegt zwar außerhalb dieser Begründungen, ist aber in einem gleichfalls schon (bei Gelegenheit der Kritik des dritten Idealtyps) berührten Tatbestand verwurzelt. Eine inhaltliche Darstellung der Norm wird deshalb so unbefriedigend, ungefähr und skizzenhaft bleiben müssen, weil ihre gestalthafte Darstellung bisher noch nicht oder doch nur annäherungsweise gelungen ist. In Wahrheit handelt es sich nur um den Aufweis der Norm eines möglichen Erziehungsideales, das seine tatsächliche Wirksamkeit, sein notwendiges Zustandekommen als einer tragenden Kraft und seine zwingende Einheit, kurz: seine Fähigkeit, in die gegenwärtige Kultursituation bestimmend einzugreifen, erst aus einer wirklichen pädagogischen Tat herleiten und in ihr erweisen müßte. Der Mutterboden eines Ideals ist eben stets das Leben selber in seiner praktischen Schöpferkraft, seiner Gegensätzlichkeit, Fülle und Totalität; keine wie immer geartete theoretische Besinnung kann in ihrer Eindimensionalität diesen Boden eigentlich ersetzen, wohl aber die Gültigkeit solcher Lebensproduktionen zu verstärken und theoretisch zu erweisen versuchen: Eine Normlehre schafft keine Norm, aber sie wirkt günstigen Falles mit auf ihre bewußte Gestaltung.

Wenn wir im folgenden den über die Zufälligkeiten der ihn vertretenden gesellschaftlichen Gruppen hinaus bleibenden Gehalt der gezeichneten Idealtypen herausarbeiten wollen, so wird es sich empfehlen, zunächst die ihrer historischen Einordnung nach letzte und daher jüngste und womöglich zukunftsreichste Gruppe und ihr Ideal zu erörtern; ist das Übergreifen ihrer Haltung, ihrer Ideen und ihres Ideals auf die beiden andern Typen doch allenthalben zu beobachten und in stetigem Wachsen begriffen, wobei der Prozeß durch die selbständige, teils unbewußte Angleichung des eigenen Gedankenguts und des originalen Erziehungsideals von seiten der beiden anderen Gruppen aus einem Überzeugtsein und Ergriffenwerden heraus oder um der bloßen Neuheit willen stark gefördert wird. Wir hatten für ihr Ideal die durchaus eigenartige Erfassung eines neuen Humanismus als ausschlaggebend hingestellt, den wir vorläufig zusammenfassend so charakterisieren können: es handelt sich um ein Ideal, in dessen Mittelpunkt der konkrete, lebendige Mensch verwurzelt in einer »natürlichen« Gemeinschaft, deren Gliedern er durch Neigung und totale Wesensverbundenheit untrennbar zugeordnet ist, steht, aufgeschlossen für den (religiösen) Symbolwert von Mensch und Welt um ihn und daher der schöpferischen Lebendigkeit in sich selbst zutiefst verpflichtet, einer schöpferischen Kraft, deren letzte Auswirkung sich in einer immer intensiveren Realisierung der schon ursprünglich wirksamen Gemeinschaft zeigen muß und daher auch einer objektiven Kultur und ihren Forderungen gegenüber nur insoweit verständnisvoll und fruchtbar sein kann, als diese die unmittelbare Beziehung auf den Menschen und die Gemeinschaft nicht gefährden. Das Verhältnis von Form und Gehalt, das als konstituierend für die Bildung des Menschen und des Gemeingeistes anzusehen ist, soll so gestaltet sein, daß weder die Richtung auf die bedingten Formen und ihre geforderte Sinneinheit zu einer Loslösung vom tragenden Sinngrund und damit zu einer völligen Entleerung der nun autonomen Kultursphären von allem lebendigen Gehalt führt, noch etwa der unbedingte Sinn nur lediglich den Symbolen einer von aller (dadurch profanisierten) Kultur streng getrennten heiligen Sphäre zugesprochen wird. (Zwei Möglichkeiten, in deren Ausschließung die Frontstellung zu den Erziehungsidealen der sozialutilitarischen und der konfessionellen Jugendfürsorge deutlich zum Ausdruck kommt.) Gerade in der Harmonie der beiden Sinnelemente in der Totalität der menschlichen Geistesfunktionen erst erfüllt sich das Bild vom Menschen in diesem neuen Humanismus. Nun hatten wir des weiteren eine Beziehung des damit dargestellten Ideals zum Neuhumanismus der Epoche des klassischen deutschen Idealismus wahrscheinlich und auf diese Beziehung als eine Gefahrenquelle für die Zulänglichkeit des Ideals aufmerksam gemacht: gegen diese innere Verwandtschaft sprachen allerdings einige Züge, die in der Formlosigkeit und mangelnden Gestalthaftigkeit des Ideals selbst gipfelten. Es ergibt sich daraus die Notwendigkeit, die Eigenart und den selbständigen Wert dessen, was hier als Humanismus gekennzeichnet wurde, näher zu beleuchten. Das dürfte am ehesten dadurch gelingen, daß die Kriterien des in Frage stehenden »neuen Humanismus« am Faden des Gegensatzes zu einer ihrem Wesen nach doch hinreichend erhellten historischen Erscheinung, wie sie der klassische Neuhumanismus des deutschen Idealismus darstellt, herausgestellt werden. Es muß also möglich sein, zwei im Umfang ihrer Bedeutung verschiedene Begriffe des Humanismus festzustellen.

»Humanist sein heißt, den Selbstwert geistigen Seins, innerer Form des Menschen als absolut empfinden und bejahen, wie wir den Wert eines Kunstwerks empfinden und bejahen.« Diese Formulierung ist so lose, daß sie näherungsweise für beide Begriffe gelten könnte. Ihr Urheber aber läßt keinen Zweifel darüber, wie sie zu deuten sei: »Aber der Humanismus im strikten Sinne ist eine spezifische Bildungswirkung, die von einem bestimmten Objekt geschichtlich ausgegangen und nach aller geschichtlichen Erfahrung und Tradition an dieses Objekt gebunden ist: das griechische Bildungserlebnis [130]).« Werner Jäger ist der klassische Vertreter dieser Auffassung in der Gegenwart. Er konkretisiert diese Ansicht weiter in folgender Weise: »Humanismus ist überall zugegen, wo die Antike als lebendige Größe empfunden wird und als autonome erzieherische Kraft gegenwärtig ist. In diesem geschichtlich wohlbegründeten Sinne hat es Humanismus schon lange vor den sogenannten Humanisten der Renaissance gegeben und wird es ihn auch nach ihnen geben und zwar in doppelter Bedeutung des Wortes: erstens als die unmittelbare oder durch andere Studien übertragene erzieherische Einwirkung der griechischen Kultur auf die Völker des europäischen Kulturkreises . . . und zweitens als Prinzip der Jugendbildung, als Bildungsideal im pädagogischen Sinne des Wortes, ein Prinzip, das gleichfalls bei allen europäischen Völkern sich findet . . .[131]).« Dies ist also die eindeutige Formulierung des ersten engeren Begriffes.

Dem steht eine andere Auffassung gegenüber: »Es kommt darauf an, einzusehen, daß der Humanismus selbst in den Gestaltungen nicht sich erschöpft hat oder sachlich erschöpft ist, die wir aus seiner Geschichte bisher kennen, dann werden wir auch nicht — wie viele feine und besonnene Geister heute empfehlen — in der Rückkehr zu einer derselben **d e n** Humanismus zu finden glauben, nach dem wir ausschauen.« Von einer ausschließlichen und notwendigen Beziehung auf die hellenistische Antike ist in dieser Äußerung Aloys Fischers [132]) nichts mehr zu finden. Wenn er dann »das Ziel der geistigen Bewegungen unserer Zeit als Erneuerung des Humanismus« bezeichnet und als »Leitmotiv« der Zukunft weiter einen sozialen Humanismus verkündet, so ist mit diesem Begriff offenbar etwas wesentlich anderes zum Ausdruck gekommen. Vielleicht darf man als inhaltliche Ausführung auf diesem von Fischer angezeigten Wege die Bemerkungen Eduard Sprangers ansehen, die er gelegentlich einer Rede, die deutlich eine Ergänzung und Entgegnung auf Werner Jägers Ausführungen darstellt, mit unmittelbarem Bezug auf die Jugendbewegung getan hat: »Die Bewegung ist in ihrem edelsten Kern ein Wiedergeburtserlebnis, also ein religiös-ethisches Ergriffensein .. Schwerer ist es auszusprechen, was dieses eigentümliche Wiedergeburtserlebnis eigentlich enthält. Nur das steht fest, daß hier ein neuer Mensch geboren werden soll, ein Mensch von sittlich-religiöser Glut des Innern.« [132a]) — Oder in der größten erreichbaren Deutlichkeit »... ohne im geringsten vom Tod der griechischen Worte und der noch so herrlichen Überreste ihrer für uns erloschenen inneren Wahrheit auszugehen und uns gänzlich nur am Wesen der Menschennatur, von der auch sie ausgingen, festhaltend, glauben wir, daß es im Geist der Elementarbildung liegt, unser Geschlecht durch die notwendigen Folgen der Wahrheit in der Entfaltung seiner Kräfte zu eben den Resultaten zu führen, zu denen Griechenlands Bildung einen großen Teil ihrer Volksmasse hinführte.« (Pestalozzi in der Lenzburger Rede.)

Es läßt sich erwarten, daß die beiden so verstandenen Begriffe eines Humanismus aber außer diesen grundlegenden noch eine ganze Reihe daraus resultierender weiterer Unterscheidungsmerkmale aufzuweisen haben dürften.

Das dürfte in der Hauptsache an zwei Punkten deutlich zu machen sein. Erinnern wir uns jener an erster Stelle genannten Definition Werner Jägers: »Den Selbstwert geistigen Seins, innerer Form des Menschen als absolut empfinden und bejahen.« Wenn auch hier die Beziehung auf die Antike nicht explicite ausgesprochen ist, so steht doch die Kenntnis und das Erlebnis ihrer Eigenform der humanistischen Idee dahinter, für die Begriffe wie Form und Ratio, individuell geistige Objektivierung, objektiver Bildungsinhalt und Bildungsaristokratismus konstituierend sind. Es fragt sich aber, ob damit auch die Grunderfordernisse für einen jeden möglichen Humanismus angegeben sind; bejaht man z. B. die Möglichkeit einer Kombination von sozialen und humanistischen Ideen, so wird eine nicht unbedeutende Modifizierung an diesen Elementen des Humanismus wohl kaum zu vermeiden sein, neue bisher im Hintergrund stehende Elemente dürften zu integrierenden werden. »Ach, wäre ich nie in eure Schulen gegangen. Die Wissenschaft, der ich in den Schacht hinunter folgte, von der ich, jugendlich töricht, die Bestätigung meiner reinen Freude erwartete, sie hat mir alles verdorben. — Ich bin bei euch so recht vernünftig geworden, habe gründlich mich unterscheiden gelernt von dem, was mich umgibt, bin nun vereinzelt in der schönen Welt, bin so ausgeworfen aus dem Garten der Natur, wo ich wuchs und blühte, und vertrockene an der Mittagssonne.« Es ist kein Zufall, daß die Jugend, die hinter unserm dritten Idealtyp steht, dieses Hölderlinwort zitiert, wenn es sich darum dreht, ihre eigenen Gedanken zur Erziehung auszusprechen [136]). Hier werden Dinge angerührt, die geradezu das Gegenteil von individuell-geistiger Objektivierung und objektivem Bildungsinhalt darstellen. Versuchen wir uns aus den Äußerungen, die weiter zu dem allgemeinen Bildungsideal der Jugendbewegung aus ihren Reihen getan worden sind, ein Bild zu verschaffen, was dann in ihrem Humanismus an die Stelle von Form und Ratio tritt. »Ziel ist: Schöpferische Kräfte wecken, Menschentum in uns entbinden.« »Die Ganzheit des Lebens wieder ertragen zu lernen und dieses Lieben und Leiden in wesenseigener Form zu betätigen [137]).« »Wir bejahen Wissenschaft und Bildung nur, wenn sie zur Liebe, zu Gemeinschaft, zum Bruder führen [138]).« Es scheint also in diesen durchaus vagen Formulierungen gerade das, was einer Formung des Ichs und einer Bildung am objektiv Geistigen erst zugrunde liegt, gemeint, die inneren Menschenkräfte in ihrer schöpferischen Qualität, der Durchbruch vom Ich zum Wesen, der zugleich als ein Weg aus der Vereinzelung in die »Lebenseinigung« [139]) empfunden wird. Auch hier ist die Idee eines reinen Menschentums intendiert, bei der aber der Ton von der Form auf die Fülle verlegt ist. Naivität und Simplizität, zwei Grundbedingungen des Klassischen, an dem allein der aus der Berührung mit der Antike erwachsende Humanismus sich erst entfaltet, sind die Wurzeln, aus denen sich wiederum im besonderen alle weiteren Konsequenzen dieser »neuen« humanistischen Idee entwickeln. Sie sind aber auch ein Hinweis darauf, daß beide Zweige des Humanismus in Wahrheit zusammengehören, daß es sich am Ende nur um Akzentverschiebungen handelt. Sucht man im einen Falle auch die Gestalt, im andern die Tiefe, so ist eines ohne das andere auf die Dauer nicht haltbar. Aus diesem Grunde muß auch an der Bezeichnung Humanismus für den zweiten seiner Typen festgehalten werden: ein so naheliegender Hinweis auf die Romantik würde hier nicht klärend wirken, weil gerade ihr bei aller Verwandtschaft das entscheidende Moment des Ernstes, der nach Verwirklichung und Verantwortung drängt, fehlt, weil die schöpferische Unendlichkeit ihrer Seelenlage letztlich als Quelle eines bloß ästhetisch fundierten Selbstgenusses von ihr empfunden wird [140]). Ebenso sind die Verbindungslinien zur Mystik, die an sich sowohl der direkten terminologischen Übereinstimmung nach, als auch durch die Tatsache, daß alle Termini hier in einem uneigentlichen symbolhaften Sinn gebraucht werden, an die Hand gegeben sind und auch als historisch wirksam nachgewiesen werden könnten [141]), nicht von prävalenter oder gar erschöpfender Bedeutung. Denn die Absicht dieses Humanismus geht nicht auf eine Isolierung von der Gemeinschaft, auf ihre Auflösung und auf die Formzerbrechung der Persönlichkeit, also auch nicht (in Summa) auf die unmittelbare anschauende Erfassung des Unbedingten.

Sondern es existieren im Gegenteil Korrelattendenzen zu den politischen Organen des antikischen Humanismus, der Rhetorik und Dialektik [142]), die sich in pädagogischem Willen und politisch-sozialer Verantwortlichkeit kundtun, in einer Haltung also, die weniger deswegen eine politische (im engeren Sinne des Worts) genannt zu werden verdiente, weil sie eine Gestaltung der gesellschaftlichen Verhältnisse auf dem Wege der Macht und der Herrschaft anstrebte, vielmehr darum, weil ihr eine Umgestaltung der Gesellschaft überhaupt im Sinne der

Gerechtigkeit als unabweisbare Aufgabe und Pflicht am Herzen liegt. Auch hier wieder deutlich von jener ersten Form des klassischen Humanismus geschieden; während es sich in diesem um eine Prolongierung der formenden Gestaltung über die Inselhaftigkeit des Individuums hinaus in die verfaßte Gesellschaft hinein, das heißt also, in praxi meist in den Staat, handelt, um den Versuch der Beherrschung und schließlich auch der Unterordnung um der Selbstentfaltung willen, günstigsten Falles um eine Hingabe, die noch im Dienste ihren aristokratischen Ursprung nicht verleugnet, so haben wir es hier mit einem ursprünglichen Sich-eins-fühlen mit der Umwelt als Ausgangspunkt zu tun, mit einer inneren Verbundenheit zu allen menschlichen Dingen und »allem, was Menschenantlitz trägt«, nicht so sehr um dessentwillen, was es schon darstellt, sondern vielmehr der in ihm verborgenen Möglichkeiten wegen, und schließlich mit einer verstehenden, die gemeinsame Not als notwendig gemeinsam zu überwindende Aufgabe empfindenden praktischen Haltung den immanenten Schwierigkeiten gegenüber, die sich aus der Tatsache menschlichen Lebens und Zusammenlebens unvermeidlich von selbst ergeben. Statt »strenger Disziplin des Denkens und Willens« (Werner Jäger), weitestes seelisches Geöffnetsein und vertrauensvolles Füreinander-Einstehen. Nicht um den Staat geht die Bemühung, sondern um die Volksgemeinschaft.

In welchem Verstande gerade der Begriff der Gemeinschaft hier gebraucht wird, das wirft auch ein bestimmendes Licht auf jenen scheinbar so leeren Begriff des »Menschen«. Selbstverständlich ist auch derjenige soziale Zustand angestrebt, den wir seit Tönnies'[143]) grundlegendem Buche so zu nennen gewohnt sind, den eine neuere Soziologie genauer als Wesensgemeinschaft bestimmt[144]). Aber darüber hinaus will der Begriff der Gemeinschaft doch noch Tieferes sagen; wie der einzelne soll auch sie der Ort sein, an dem immer aufs neue jene rein menschlichen Grundkräfte aufbrechen und zur Entfaltung kommen sollen. Keineswegs soll sie nur eine wenn auch auf einer Verbundenheit seiner Glieder beruhende Regelung des Zusammenlebens zum Zwecke der unbehinderten Entwicklung und Selbstformung des Einzelnen sein, sondern wie dieser zulängliches Symbol eines in und hinter ihm liegenden Gehaltes. Und man kann von einer Transzendenz dieses Gehaltes nur dann sprechen, wenn darunter nicht in erster Linie seine Jenseitigkeit und Überweltlichkeit schlechthin verstanden werden soll, sondern der durchaus auch in der Immanenz zu suchende Grund und Abgrund zugleich alles Bedingten. Dieser Gemeinschaftsbegriff ist also nicht (im strengen Sinne:) mystisch, da an der Eigenbedeutung seines Sinnes sogar in der soziologischen Sphäre festgehalten und er nur in seiner primären Sinnerfüllung als zureichendes Symbol angesehen wird; er ist aber auch nicht im gewöhnlichen Sinne des Wortes religiös, da der in ihm und durch ihn zu ahnende Gehalt nicht das Göttliche als supranaturale Gegebenheit ist; er ist, wie der ihn umspannende Humanismus, aber ein immanent religiöser. So tritt neben den formbestimmten ein gehaltsbestimmter Humanismus, der zugleich ein sozialer sein muß, wie unsere Entwicklung zeigen sollte. Aber daß er ein sozialer ist, genügt allein nicht zu seiner ausreichenden Kennzeichnung [145].

Damit ist der Gegensatz beider Formen des Humanismus auf die letzte, in der Struktur des Geistes selbst gegründete Dialektik zurückgeführt. Auf der einen Seite in der Sphäre der Persönlichkeit die autonome organische Form, in die die quellende Fülle der Individualität zum Genuß des eigenen Selbst, seines gegliederten Reichtums und schließlich zu einer Leistungseinheit zusammengefaßt ist, in der interindividuellen Sphäre ein Nebeneinander solcher personalen geistigen Formeinheiten in loser Berührung untereinander, die gerade noch eine Erweiterung der individuell beschränkten »Bildung« durch die tätige und genießende Erfassung anderer »interessanter« individuell-geistiger Gestalten gewährleistet. Das Weltbild ein in sich ruhender, für sich bedeutungsvoller Kosmos sich selbst genügender Gestalten, die sich bis hinauf zum Göttlich-Ewigen der Formeinheit unterwerfen. Auf der anderen Seite die lebendige Gemeinschaft innerlich von vornherein aufeinander bezogener und aufeinander angewiesener Menschen, die ihre erdgeborene Kraft und ihre Fülle nur »mit reiner Psychologie, d. h. mit Einfachheit, Liebe und Ruhe *)« allein in der Verbundenheit untereinander darzustellen wissen und sich selbst wie die sie umfassende Gemeinschaft als fragwürdigen Ausdruck eines alles tragenden Sinngehaltes empfinden.

---

*) Pestalozzi im Brief über den Stanzer Aufenthalt.

Diese Herausstellung des erkennbaren Gegensatzes allein kann aber nicht die endgültige Absicht unserer Verhältnisbestimmung der beiden Formen einer Geisteshaltung, die wir als humanistische anzusprechen gewillt sind, sein: sie muß ergänzt und abgeschlossen werden durch eine Betrachtung, die den Ring schließend die Einheitlichkeit dieser Haltung in ihrem humanistischen Wesen deutlich hervortreten läßt. Dazu mag uns die Einsicht von Nutzen sein, daß es kaum gelingen will, von Humanismus unter Vermeidung ästhetischer Kategorien zu sprechen. Auch die mehrmals angezogene Jägersche Definition zeigte das: »den Selbstwert innerer Form des Menschen als absolut empfinden und bejahen, wie wir den Wert eines Kunstwerks empfinden und bejahen«. In der Tat liegt an diesem Punkte Wesen und Grenze des humanistischen Geistes überhaupt, wie im besonderen der ersten von uns gezeichneten seiner Formen und ihrer letzten großen historischen Verwirklichung. Wenn das Wesen des ästhetischen Aktes darin zu suchen ist, daß er auf die Erfassung des Gehaltes der Dinge durch ihre Formen hindurch gerichtet ist, ohne jedoch die Einzelformen dabei weniger ernst zu nehmen, und weiter diese Gehaltserfassung nicht eine Seinserfassung mit logischem Geltungscharakter, sondern eine Bedeutungserfassung darstellt, so wird sich der Kern humanistischer Geisteshaltung (zum mindesten aber der ersten ihrer von uns gezeichneten Erscheinungsformen) so bezeichnen lassen: im Vordergrund steht zwar die gefällige Formung der Individualität, aber das humanistische Interesse bleibt nicht auf ihre organische Gestaltung allein beschränkt, sondern sucht diese wieder in ihrer Bedeutsamkeit für den sie erfüllenden lebendigen Gehalt zu erfassen. Wohl ist in einer solchen Bedeutungserfassung zunächst der Einzelgehalt der Individualität als solcher gemeint; da dieser aber seine Bedeutung nur in seiner Beziehung auf den Bedeutungsgrund, der selbst unbedingt ist, empfängt und nur innerhalb eines übergreifenden totalen Bedeutungszusammenhanges gedacht werden kann, so weist auch der Humanismus in seiner ästhetischen Fundierung auf den unbedingten Gehalt selbst hin, sofern sich die echte humanistische Geisteshaltung nicht in die Formenleere eines bloß rational geforderten Bildungsliberalismus verflüchtigt hat. Demgegenüber steht die zweite Auffassung humanistischen Geistes, die ausgeht von der unmittelbaren ursprünglichen Gemeinschaft als einer gehaltbestimmten Sinnform, in der sich die einheitliche Richtung wesensverbundener Menschen auf das Unbedingte Ausdruck verschafft. Die Formen, in denen sich die Gemeinschaft zu verwirklichen sucht, haben primär (wie etwa die rechtlicher Regelung) keinen rationalen, für die Theorie menschlichen Zusammenlebens richtigkeitsgültigen Sinn, sondern haben ähnlich den Formen der ästhetischen Anschauung Bedeutungscharakter. Und wenn es richtig ist, daß sie in der Liebe gipfeln, so ist diese in der praktischen Sphäre Hinweis und Ausdruck des unbedingten Sinngehaltes der Gemeinschaft, denn jeder Akt geistiger Liebe ist bezogen auf den unbedingten Sinn der Liebe und fordert von sich aus seine Eingliederung in die übergreifende totale und allgemeine Liebesgemeinschaft, als der unbedingten Einheit aller Einzelformen der Liebesverwirklichung. Aber auch dieser in der Sinnfunktion der Gemeinschaft sich erfüllende Humanismus kann und will nicht unmittelbar unter Zerbrechung aller Einzelformen wie der Form überhaupt zum unbedingten Sinngrund und »Abgrund« vorstoßen: Wenn auch seine Intention als eine immanent religiöse auf die Erfassung des Unbedingten geht, so bleibt er dabei doch an die im religiösen Akt fundierten Sinnfunktionen und die in ihnen wirksamen Sinnformen gebunden, ohne die er stets in gestaltlose Mystik umschlagen müßte. Daher muß er auch die Form des Menschlichen, die individuelle Persönlichkeit, an die alle Gemeinschaftsbeziehungen als an ihren Träger notwendig gebunden bleiben, in allem Ernst zu erfassen suchen. — So ergibt sich endlich ein letzter und vertiefter Aspekt der von uns gezeichneten Erscheinungsformen humanistischen Wesens: nicht mehr um zwei eigenständige und in ihrer Besonderung sinnvolle Typen, den formbestimmten, an der Antike erwachsenen Humanismus und dem ihm entgegengesetzten gehaltbestimmten, kommenden Humanismus handelt es sich nun, sondern um zwei Seiten einer in beiden Ausprägungen erst zu sich selbst kommenden geistigen Welt, die im menschlich Bedingten den alles Menschliche transzendierenden Gehalt des Unbedingten ahnt und sucht. Nur daß einmal der Gehalt um der von ihm erfüllten und durchleuchteten individuellen Form willen gesucht wird und das andere Mal das Menschliche in seiner religiösen Bedeutsamkeit für den Sinn alles Sinnes gemeint ist, eines aber untrennbar vom anderen und in jedem Akte der einen Richtung das andere wenigstens potentiell enthaltend.

Diese Heraushebung des in ihm gemeinten immanent-religiösen Humanismus scheint uns nun gleichbedeutend mit der Herausarbeitung des bleibenden Wertes im Erziehungsideal des sozialistischen und Jugendbewegungs-Typs. Damit ist als erstes und vor allem sicherzustellendes Ziel die Erweckung, Befreiung und Entfesselung der inneren Lebendigkeit, Aufgeschlossenheit und Kräftigkeit reinen Menschentums in der eigenen Seele und im Schoße der Gemeinschaft (zunächst also der Erziehungsgemeinschaft) als normativ erkannt. Allerdings wird bei der Bemühung und mit der Erreichung dieses Zieles jener zweite Bildungswert in seine Rechte eintreten, der als begrenzende Form und selbstgewählte Bindung an einen objektiven Wert in der harmonischen Gestaltung jener an sich noch zügellosen und ungelenken Lebendigkeit in die Erscheinung tritt. Er wird sich im Eindämmen, Beständigmachen und Richtunggeben den quellenden inneren Kräften gegenüber auswirken müssen. In dieser unerläßlich sich gegenseitig bedingenden Doppelheit der idealen Lösung in der Erziehungsaufgabe liegt nun auch der tiefste Grund dafür, daß es sich in diesem Erziehungsideal unter allen Umständen um ein humanistisches handelt. Freilich, der objektive Gehalt, an dem diese Seelenformung sich vollziehen wird, kann, — wie es ein Blick auf die Lage der Zöglinge in der Jugendfürsorge ja evident macht — nicht die Antike sein. Die Rolle des Klassischen wird eine andere größere Lebensmacht übernehmen müssen.

Unter den Geistesmächten, die aus der Geschichte uns überkommen sind, sind nur zwei, die unbezweifelt als klassisch gelten dürfen: Eben die Antike und das Christentum [146]). Das aber wird die Aufgabe des im konfessionellen Erziehungsideal steckenden, bleibenden Wertes sein, jener gezeichneten Religiosität den Hintergrund zu geben, von dem sie sich erkennbar abheben kann, ihr der Boden zu sein, in dem sie Wurzel zu schlagen, und der Halt, an dem sie zu einem wohlgestalteten Gebilde emporzuwachsen vermag. In der Sprangerschen Formel: »christliche Reinheit der Seele« kommt auch die inhaltliche Verwandtschaft mit der eben angedeuteten Richtung des Humanismus zum Ausdruck [147]). Goethe sagt zu Eckermann in einem Gespräch über die Schlußszenen des Faust II:

»Übrigens werden Sie mir zugeben, daß der Schluß, wo es mit der geretteten Seele nach oben geht, sehr schwer zu machen war, und daß ich bei so übersinnlichen, kaum zu ahnenden Dingen mich sehr leicht im Vagen hätte verlieren können, wenn ich nicht meinen künstlerischen Intentionen durch die scharf umrissenen christlich-kirchlichen Figuren und Vorstellungen eine wohltätig beschränkende Form und Festigkeit gegeben hätte [148].« Klarer kann auch für unsern Fall der Sachverhalt nicht ausgesprochen werden. Damit ist zugleich einer Gefahr begegnet, die »das grundsätzliche Kollektivbewußtsein der Jugendbewegung als Jugend zur Schaffung eines ganz Neuen [149])« berufen zu sein, unausweislich in sich trug; des Bruches mit aller Geschichte und Tradition um jeden Preis; das bloß Schweifende hat einen wirklichen Heimatboden gefunden, der doch Raum genug hat für allen neuen Gehalt, sofern er sich nur als kräftig erweist. Und so klar es bei Goethe zum Ausdruck kommt, daß diese bildende Macht nicht irgendein bloßes System christlicher Dogmatik, sondern bluthafte, christlich-kirchliche Figuren und Vorstellungen sein werden, so sicher wird freilich das konfessionelle Ideal in seiner gegenwärtigen Gestalt nicht geeignet sein, das Geforderte zu leisten.

Es wird sich im Laufe eines langen, schon begonnenen Prozesses mancher Wandlung und Anpassung zu unterwerfen haben, ohne jedoch seinen Kern zu verlieren; wie die Scheidung im einzelnen vor sich gehen wird, muß der historische Gang der Dinge selbst lehren, was zu opfern, was festzuhalten und gereinigt wieder zu beleben sei, festzustellen, ist Aufgabe einer großzügigen systematischen Theologie im Einvernehmen mit dem religiös-lebendigen Teile des Kirchenvolkes. Das Eine wird jedenfalls zu bedenken sein, daß »der Zusammenhang des menschlichen Daseins mit dem Grundgesetz des Kampfes ums Dasein und der Einblick in die unendlich verwickelten Bedingtheiten der menschlichen Existenz durch die Natur und die sozialen Zustände die Abhängigkeit alles Menschenlebens von höchst irdischen Umständen zeigt, die Unmöglichkeit für den bloßen guten Willen und die Innerlichkeit der Gesinnung, die aus Natur und Gesetzen der sozialen Lebensbewegung folgenden Hemmungen und Nöte zu überwinden [150])«. Das heißt also im besonderen, daß bei einer solchen sichtenden Veränderung vor allem die aus unseren kritischen Bemerkungen zu diesem Idealtyp ersichtlichen Aussetzungen einer gründlichen Berücksichtigung gewürdigt werden müssen, soll das Schwergewicht der Tatsache überwunden werden, daß trotz der Geltung der Werte an sich wie die Jugendbewegung für die Antike, so die proletarische Jugend für die Welt der Religion kein Organ mehr besitzt und infolgedessen gar nicht in eine entsprechende Wertrelation einzutreten vermag. Dabei wird der nur mehr als Fiktion haltbare Anspruch der christlichen Gemeinde als Gemeinschaft der Gläubigen eine entscheidende soziologisch bedeutsame Atmosphäre wie einen de facto »handlungsfähigen Gemeingeist [151])« darzustellen, unter allen Umständen zunächst aufgegeben werden müssen, sofern damit die Möglichkeit einer in sich gesicherten, selbständigen Gruppe gemeint wird, die auf Grund einer institutionell religiösen Provenienz aus der Problematik des gesellschaftlichen Zusammenhanges und seiner Fragwürdigkeit herausgehoben zu sein glaubt [152]).

Geschieht das aber, so dürften damit zugleich jene scheinbar unüberwindlichen Schwierigkeiten bei der Durchsetzung eines solchen christlichen Erziehungsideals überwunden sein, die sich daraus ergaben, daß ein religiöses Ergriffensein stets schon eine in sich geschlossene, autonome Persönlichkeit notwendig individualistischen Gepräges voraussetzte. Wenn nämlich bislang vom christlichen Ideal schlechtweg als von einem klassischen gesprochen wurde, so muß das jetzt dahin präzisiert werden, daß es doch nur in einem übertragenen und uneigentlichen Sinne diese Bezeichung verträgt. Die von uns mitgeteilte Definition [153]) läßt das allerdings nicht ohne weiteres erkennen, wenn sie aber von ihrem Verfasser dahin erläutert wird, daß die Erfüllung eines möglichst hohen objektiven Wertgehaltes, also die Herausgestaltung der höheren, raum- und zeitüberwindenden Werte über die zeitlich bedingten, gleichfalls für den Begriff des Klassischen konstituierend zu erachten sei [154]), so ergibt sich daraus wohl eine Begründung. Es kann nämlich billig bezweifelt werden, ob das Religiöse selbst einen Wert neben oder über anderen darstelle; vielmehr ist auch jede Überordnung in Wahrheit eine Relationsherstellung zwischen den Werten und damit würde das im Religiösen gemeinte Unbedingte selbst wieder zu einem Relativen *). Diese Überlegung kann uns als ein Hinweis darauf dienen, daß das im christlichen Ideal zutage tretende »Klassische« nun auch seinerseits keine Erläuterung und Verdeutlichung in einer Ähnlichkeit oder gar Gleichsetzung mit der ästhetischen Gestaltung finden könne. Denn im Ästhetischen — und darin steht es dem Religiösen gegenüber in großer Nähe zur Wissenschaft — handelt es sich auch wohl um einen Versuch der Gehaltserfassung, aber einer Erfassung durch die Form hindurch; in ihm muß die Sonderform der Dinge in ganz anderem Maße ernst genommen werden als im Religiösen, das die Gehaltserfassung als solche stets über den Ausdruckswert der Einzelformen für den Gehalt zu stellen gezwungen ist. Daher sind Kunst und Wissenschaft stets Ausdruck autonomer Sinngebungen; sie können also, wann und wo sie zur erzieherischen Wirkung kommen wollen, auf die autonome Persönlichkeit nicht verzichten. Der Einfluß der Ratio auf das Individuum ist ohne die korrespondierende Bildung durch einen historisch zu erfassenden, objektiven Geist nicht denkbar; beide bedingen sich gegenseitig [155]). — Hierin erweist sich aber die Überlegenheit des christlichen Erziehungsideals gerade für die heillosen Schwierigkeiten, in denen sich der Zögling der Jugendfürsorge — wie wir sie am Eingang dieser Erörterung kennzeichneten — befindet. Es übernimmt — allerdings mit Einschränkungen — die Funktionen des Klassischen bei der Erziehung, ohne dabei an die Analogie zur Kunst oder die Hilfe der Wissenschaft gebunden zu sein, d. h. ohne dabei eine Bestätigung dafür zu geben, daß »unsere Menschenbildung daher überwiegend den Typus der ästhetischen Erziehung trägt«. — Eine Norm also, die sich auf dem von uns angedeuteten, an einem vom allzu sehr bloß zeitlich bedingten gereinigten Christentum sich klärenden Humanismus aufbaute, würde der an jedes Erziehungsideal zu stellenden Forderung genügen, hinzuweisen auf das Ganze aller Lebensbezüge in ihrem Transzendieren über das in ihnen primär Gemeinte hinaus.

Unsere kritischen Gedankengänge zum ersten von uns gefundenen Idealtyp der Jugendfürsorgeerziehung ließen vor-

---

*) Vgl. Paul Tillich: »Die Überwindung des Religionsbegriffs in der Religionsphilosophie«, Berlin 1922.

aussehen, daß dieses Erziehungsideal zum mindesten in der vorliegenden Form wohl am wenigsten zur Aufstellung einer wirklich gültigen Norm beizutragen imstande sein würde. In der Tat, wenn sich deren inhaltliche Bestimmtheit sehr wohl auf die einer kritischen Prüfung standhaltenden Elemente der beiden anderen Idealtypen näherungsweise zurückführen ließ, so kann dieser letzte nicht so sehr für deren positiv materiale Andeutung als vielmehr höchstens für die Begrenzung und Sicherstellung eines solchen Bestimmungsversuches, für die sozusagen formale Gestaltung der Norm in Anspruch genommen werden.

Im Ideal vom nützlichen Glied der menschlichen Gesellschaft ist nämlich der für den Bezirk der Jugendfürsorge und seine Zöglinge besonders unerläßliche Hinweis darauf gegeben, daß die Erziehung sich unter keinen Umständen wird mit dem Durchbruch des Rein-Menschlichen und den daraus folgenden »Sympathien« mit dem Mitmenschen, mit dem »Erlebnis der Gemeinschaft« usw. wird begnügen können, sondern allerorten und zu jeder Zeit aufs entschiedenste auf eine Realisierung dieser Gefühls- und Stimmungswelt, als welche sie sich zunächst darstellen wird, drängen muß. D. h., daß es sich einerseits nicht nur um eine »Erziehung auf das gesellschaftliche Dasein« — mit Aloys Fischer zu sprechen — handeln kann: wobei das »Gesellschaftliche« stets in einem im Verhältnis zum Zögling schon irgendwie idealen Sinne gedacht ist, sondern durchaus um eine Erziehung im konkreten, vom ethischen Standpunkte aus keineswegs stets zu bejahenden, gesellschaftlichen Zusammenhange, daß andererseits alles darauf angelegt werden muß, den immanent religiös erfaßten Begriff der Gemeinschaft weder in einer Atmosphäre nicht zur Verantwortlichkeit zwingenden Idealität unberührt schweben zu lassen, noch ihn bei dem Versuch seiner Verwirklichung einer naheliegenden Verengung zu unterziehen, seine Geltung etwa auf den in der Erziehungsarbeit verbundenen Kreis oder auf die unsichtbare Gemeinde der ethisch zulänglichen und selbständigen Persönlichkeiten einzuengen. In dieser Bestimmung ist aber wieder ein Fingerzeig auf die Tatsache enthalten, daß die Erfassung der faktischen gesellschaftlichen Lage in ihrem vollen Ernst und der Wille zu ihrer Überwindung die Gestaltung im ökonomischen Gebiet besonders unausweichlich in den Vordergrund rücken, daß die Schaffung wirtschaftlicher Werte für die Gesamtheit, kurz, die Arbeit im handgreiflichsten Sinne des Wortes, nicht nur die Bewährung einer der Norm entsprechenden Gesinnung, sondern auch deren einzige reale Auswirkung ist. So ist das an diesem Erziehungsideal bleibend Wertvolle geeignet, einen Zuschuß von der Härte in die festzustellende Norm hineinzugeben, wie sie uns im preußischen Begriff der Pflicht und Schuldigkeit entgegentritt*) [155a]).

Es kann nicht geleugnet werden, daß einer so zustande gekommenen Norm wenigstens in bezug auf ihre Entstehung der Charakter des Kompromisses anhafte. Nun ist es ja einmal nicht ohne weiteres zu vertreten, daß ein auf dem Wege des Kompromisses erzeugtes Faktum auch in seinem Bestande als Ganzes diesen Charakter aufweisen müsse. Zum anderen aber würden wir uns in der Abwehr eines auch nur gegen diese Art der Genesis gerichteten Einwandes auf die treffende Apologie berufen, die Ernst Troeltsch dem Kompromißgedanken gewidmet hat: »Schließlich ist alles Leben selbst, das rein animalische, wie das leiblich-geistige, ein beständiger labiler Kompromiß der es bildenden und zusammensetzenden Kräfte. Erst aus dem Leben und dem Kompromiß heraus bilden sich die höchsten Höhen religiöser Innerlichkeit und religiöser Verbundenheit ... Wenn das Wesen der ganzen Geschichte Kompromiß ist, wird sich der Denker dem nicht entziehen können und auch ... sich dazu bekennen müssen ...« —[157]).

## Schluß: Praktische Auswirkungen der Normierung.

Im folgenden versuchen wir, ganz abgesehen davon, ob es uns gelungen ist, eine das künftige Erziehungsideal in der Jugendfürsorge wirklich und zureichend begründende Norm richtig darzustellen, uns in ganz kurzen Zügen die praktischen Auswirkungen einer jeden in Wahrheit normativen Feststellung und ihrer Folgeerscheinungen auf unserm Gebiete vor Augen zu führen. Ein solches Unternehmen wird dann

*) Eine zweite Bedeutung, die dieser Idealtyp für die Gestaltung der Norm zu gewinnen in der Lage wäre, ist — als nicht in der Linie des Hauptgedankens liegend — in den Anmerkungen (155 a) erörtert.

zusammen mit der mehr wissenschaftstheoretischen Begründung der einleitenden Sätze dieser Arbeit erst die Berechtigung ihrer Fragestellung voll erweisen können.

Unsere phänomenologische Übersicht hatte ergeben, daß mit Ausnahme ganz weniger Autoren fast nirgends das Problem der systematischen Feststellung eines Erziehungsideals in der Jugendfürsorge als solches erkannt und grundsätzlich seiner Lösung näher gebracht worden ist. Das heißt aber, daß ein erheblicher Teil der gesamten Fürsorgeerziehung überhaupt ohne leitende Gesichtspunkte vor sich ging, oder daß diese »Leitfäden« niemals eine bewußte Entwirrung, Durchdringung und Erfassung erfahren haben. Nun ist der Mangel an rational erfaßbaren Erziehungszielen noch kein untrüglicher Erweis dafür, daß ein Erziehungsideal der Arbeit überhaupt fehlte. Doch wird dieses unbewußt zugrunde liegende Ideal nur in den seltenen schöpferischen Erzieherpersönlichkeiten ohne seine bewußte Formulierung zum Durchbruch gelangen, oder zum mindesten — wie unsere Typologie erweisen sollte — zu seiner anerkannten Verwirklichung soziologischer Substrate mit einer objektiven oder immanenten Geistigkeit bedürfen. Da der Einfluß der beiden hierfür zureichend in Betracht kommenden Gruppen aber in seiner Intensität (Konfession) wie in seiner Extensität (Jugendbewegung und Sozialismus) gegenwärtig gering zu bewerten ist, erscheint eine systematische Erfassung des Erziehungsideals in der Jugendfürsorge für das Vorwärtsdrängen des pädagogischen Gedankens gegenüber dem bloß sozial-utilitarischen Erziehungsziel dringend geboten. Es kann nicht verkannt werden, daß die Feststellung und allgemeine Anerkennung eines umfassenden und bedeutenden Ideals auch die Laxheit und Rückständigkeit mangelhafter Erzieherpersönlichkeiten und -gruppen mitreißen oder wenigstens beeinflussen muß. Das verkennen auch die Vertreter einer funktionalen (Krieck) und einer soziologischen (Kawerau) Pädagogik nicht. Dabei steht die Frage, ob ein solches Erziehungsideal notwendig ein einheitliches sein muß, oder eine Mannigfaltigkeit von Idealbildung möglich und erträglich wäre, völlig offen. Es wird jedoch in der Tendenz jedes echten und starken Ideals liegen, das einzige und allein herrschende zu werden. Damit wäre der praktische Vorzug einer großzügigen Geschlossenheit der gesamten Jugendfürsorge verbunden. Andererseits läßt die Gespaltenheit der an der Jugendfürsorge arbeitenden Kräfte weltanschaulicher und gesellschaftlicher Gruppen und Mächte es wahrscheinlich sein, daß vorerst die diesen Erziehungsgemeinschaften kongruenten Ideale zur Ausbildung und Auswirkung gelangen. In beiden Fällen wird aber der Wille zu ihrer systematischen Erfassung ein Ferment zu Klarheit, Entwicklung, Ausgleich und fruchtbarer pädagogischer Wirksamkeit darstellen; eine Aufgabe, deren Umfang und Bedeutung aus unserem Versuche einer Kritik der gegenwärtigen Typen erhellen sollte.

Neben dieser Begründung läßt aber eine doppelte Zielsetzung die systematische Feststellung eines Erziehungsideals als besonders unumgänglich und aufgegeben erscheinen. Um das zu verdeutlichen, zitieren wir noch einmal Backhausen: »Nur der zielbewußte Erzieher kann sich methodische Grundsätze bilden und die Erziehungsmittel zweckentsprechend auswählen. Das Ziel zieht. Von daher kommt dem Erzieher Kraft des Wirkens und die Energie des Vorwärtsstrebens. Nur dem zielbewußten Führer, dessen Endzweck auch Zweck seines eigenen Lebens ist, folgen die Zöglinge mit Vertrauen. Die bewußte Erkenntnis des Endzweckes bewahrt ihn vor öder Handwerkerei . . .«. Der Grund, warum wir diese an sich recht einfache und unkomplizierte Stelle anführen, liegt darin, daß uns hier die Ansicht zum Ausdruck gekommen scheint, unabhängig von einer inhaltlichen Färbung des Erziehungsideals durch, für die Erziehung als solche heteronome Mächte (oder besser: gerade durch das Vorhandensein solcher konkreten Bestimmtheiten) sei ein lediglich pädagogisches Ziel in der Jugendfürsorge ermöglicht und gewährleistet. Für uns ergibt sich daraus die Forderung, daß, wie mannigfaltig und eigenartig das Erziehungsideal auch gestaltet sein möge, es doch möglich sein muß, innerhalb eines so beschränkten und bestimmten Gebietes, wie es das der Fürsorgeerziehung darstellt, dem Erziehungsideal eine allgemein gültige Form zu geben, die aus der bloßen Tatsache der Erziehung, der funktionalen Beziehung zwischen diesen Zöglingen und ihren Erziehern hervorgeht.[157a]) Nur in dieser Form kann das Erziehungsideal — oder die Ideale — eine wirkliche und standfeste Grundlage einer noch zu schaffenden Pädagogik der Fürsorgeerziehung werden. Nur in einer solchen aus dem Geist der Erziehung als solcher erwachsenen Grundform läge die Sicherheit dafür, daß die Forderungen der verschiedenen pädagogisch wirksamen Gruppen auch wirkliche Erziehungsideale darzustellen geeignet sind.

Die zweite unserer Zielsetzungen möchte ich an einem Beschluß jener schon weiter oben angezogenen interkonfessionellen Konferenz illustrieren, da heißt es: Unsere »Erfahrungen gipfeln in der Überzeugung, daß ... nur solche Erzieher den Dienst an der verwahrlosten Jugend als einen Opferdienst der Liebe zu tun imstande sind, welche die dazu notwendige Geduld aus dem Glauben ihrer Konfession schöpfen«. Es handelt sich also um die jedem praktisch Tätigen bekannte Tatsache von der inneren Schwierigkeit und dem Mangel einer ausreichenden Kompensation innerhalb des Jugendfürsorgeberufes. Es steht denn auch wirklich so, daß der hier als »Opfer« bezeichnete Akt stets ein »Mehr« der »seelischen Verausgabung« darstellt, die nicht durch genügende aufbauende »Einnahme« ausgeglichen ist. Dieses »Opfer« besteht nun nicht sowohl in der dauernden Hingabe der persönlichen Kräfte und Leistungen an Menschen, die sich dieser Hingabe zunächst wenigstens verschließen und unwert erzeigen — das braucht besonders nicht für die Anstalten zuzutreffen, wo es im allgemeinen sehr bald möglich ist, aus der wachsenden Bindung zwischen Erzieher und Zögling diesen Ausgleich zu schöpfen — als vielmehr in der Notwendigkeit des »Überströmens«, der hier im Übermaß geforderten Öffnung gegenüber der zunächst passiven, verschütteten, erst zu erweckenden Seele des Zöglings, und ganz besonders aber in der ständigen Diskrepanz zwischen der tatsächlichen gesellschaftlichen Situation und ihrer Moral einerseits und der geforderten Ethik andererseits. Diese letzte Schwierigkeit ergibt sich — wenn nicht anders — schon notwendig aus dem Verhältnis von Recht und Staat zu Erziehung in der sittlichen Gemeinschaft mit ihren teilweise unvereinbaren Erziehungszielen. (Vgl. die »innere Umwandlung«.) Weiter spricht für das Bestehen eines Opferdienstes das Faktum, daß auch bei einer relativ weitgehenden Überwindung dieser Schwierigkeiten eine nicht unerhebliche Zahl der Zöglinge selbst beim stärksten Kräfteeinsatz und unter den günstigsten Erziehungsbedingungen »unwandelbar« bleiben wird und für das seelische Gleichgewicht des Erziehers stets eine nicht wegzuleugnende Belastung darstellen muß. Schließlich auch noch die Eigentümlichkeit aller wohlfahrtspflegerischen Arbeit, daß sie prinzipiell nie am Ende, nie »erledigt« ist, sondern ihrem Wesen nach sowohl im einzelnen Fall als auch in ihrer Gesamtheit grundsätzlich unabgeschlossen wie erweiterungs- und vertiefungsbedürftig. Alle Wohlfahrtspflege (besonders aber die Erziehung in ihr) endet in dem Postulat einer progressiven Intensität und Extensität [158]). Wie die gesamte Wohlfahrtsarbeit ist auch die Jugendfürsorge aus dem Geist des Christentums entsprungen und in ihren Anfängen allein vom Christentum getragen worden. Dies stellte in sich einen zureichenden Kraftquell für diesen »Opferdienst« dar. Dem ist heute nicht mehr so; das geht einerseits aus unserer Typenkritik, andererseits aus einer Äußerung Hans Weikers hervor: »Die Erziehung darf an der Verschiedenheit der Gesinnung nicht achtlos vorübergehen. Im tiefsten Grund sind es Verschiedenheiten der Weltanschauung, deren Ausdruck die Gesinnung ist. Und, fährt er fort — wogegen sich zum mindesten in dieser laxen Formulierung mancherlei einwenden ließe —; die Erziehung in einer Anstalt wird im allgemeinen dann am wirksamsten sein, wenn sie an die Gesinnung des Kreises sich anschließt, aus dem der Zögling kommt und in den er später zurückkehrt. — Es kann nun stark bezweifelt werden, ob die augenblicklichen und kommenden Träger der Jugendfürsorge in ihrer Ideologie eine ausreichende Kompensation für das geforderte Leistungsübermaß noch und schon besitzen. Einen nicht unerheblichen Teil davon könnte aber ein kraftvolles Erziehungsideal mit sich bringen, wenn anders es nicht nur intellektuell erfaßt wird, und wenn es in seiner Form geeignet ist, einer spezifischen Pädagogik der Jugendfürsorge zugrunde gelegt zu werden. Wenn auch eine solche nicht in der Lage sein wird, eine so intensive Begründung und Stützung zu sein, wie es das Christentum war, so wird sie doch dem modernen Fürsorgeerzieher dazu helfen können, seinen Beruf mit der geforderten Unerschöpfbarkeit und Lebendigkeit auszufüllen. Diese Aussicht allein sollte genügen, die Notwendigkeit einer systematischen Feststellung des Erziehungsideals in der Jugendfürsorge, abgesehen von den übrigen zwingenden Gesichtspunkten, ausreichend zu begründen [159]).

# Anmerkungen.

[1]) Vgl. Paul Tillich: Das System der Wissenschaften nach Gegenständen und Methoden. Göttingen 1923.

[2]) Der Grund für diese Vernachlässigung des normativ-theoretischen Teiles der Fürsorge-Pädagogik liegt einmal in der Besonderheit der Träger dieser Pädagogik und zum andern in der besonderen Situation, innerhalb deren die Entwicklung dieses Zweiges vor sich ging. Jene Träger sind nämlich fast ausschließlich Praktiker, denen daran gelegen sein mußte, zunächst die allerdringlichsten und naheliegendsten Probleme zu klären, wobei ihnen keine Zeit für eine grundsätzliche Besinnung blieb, abgesehen davon, daß die Praxis von sich aus gar nicht in allen Fällen eine solche notwendig und unumgänglich erscheinen läßt; die Situation hingegen war dadurch gekennzeichnet, daß die gesamte Arbeit der allgemeinen wie der Jugendwohlfahrt, insbesondere der Jugendfürsorge, an allen Orten aus einer naturgemäß wenig planvollen Befriedigung der überall auftauchenden Bedürfnisse erwuchs, wobei die Schwierigkeiten, die sich einer einheitlich-planmäßigen Regelung in den Weg stellten, durch die Plötzlichkeit und die zahlenmäßige Ungeheuerlichkeit der durch Krieg und Nachkriegszeit verursachten akuten Notzustände noch erheblich gesteigert wurden. (Vgl. dazu: Carl Mennicke: Jugendbewegung und öffentliche Wohlfahrtspflege. Sonderdruck des Pädagogischen Zentralblattes. Berlin ohne Jahr.)

[3]) Ein beliebig herausgegriffenes Beispiel zeigt das sehr deutlich. »Amtliche Nachrichten der Charlottenburger Armenverwaltung«. 16. Jahrg. 1912. Nr. 11. Die Wohlfahrtseinrichtungen Charlottenburgs. Es rangieren unter »Pflege . . . von Kindern« neben Krippen und Säuglingsheimen, deren Einreihung auch heute noch nicht ganz fest in die Jugendfürsorge geschieht, ad 4.: Erziehungsanstalten (lediglich Waisenhäuser) und ad 5.: sonstige Fürsorge für Kinder mit Jugendgerichtshilfe (!), Obdach und Säuglingsfürsorge. Unter »Fürsorge für Schulentlassene« aber freiwilliger Erziehungsbeirat, Hauptausschuß und Zentralstelle, wie sämtliche Vereine. Damit ist entweder die wechselseitige Vertauschung der Begriffsbedeutungen oder das anfängliche Fehlen jeglicher Systematik erwiesen. In den Preußischen Ministerialerlassen von 1911 und 1913 über die Jugendpflege und in dem von Frieda Duensing herausgegebenen Handbuch für Jugendpflege (Langensalza 1913), der deutschen Zentrale für Jugendfürsorge (man beachte diesen Namen für das vorliegende Problem!) ist dann wenigstens aber der Begriff Jugendpflege schon eindeutig in dem im Textteil angegebenen Sinne gebraucht, allerdings nur für die 14—18 Jährigen. Vergleiche auch die Arbeiten des ehemaligen Direktors der Hamburgischen Jugendfürsorge, Johannes Petersen,

und den Aufsatz des Geheimrats Felisch (beide unter dem Titel »Jugendfürsorge«). Johannes Petersen: Jugendfürsorge. Berlin 1915. Derselbe: Gedanken über die Organisation der Jugendfürsorge. Berlin 1912. Seine Systematik ist in der Hauptsache folgende: Jugendfürsorge: vollständige (geschlossene), ergänzende (offene). Diese ist a) wirtschaftlich, b) erzieherisch, c) hygienisch. Felisch: Die Fürsorge für die schulentlassene Jugend. Langensalza 1907. Er teilt in Fürsorge »für das sittliche, das geistige, das leibliche und das wirtschaftliche Wohl«. Vgl. auch dazu: Dr. Constantin Noppel S. J.: Zur Begriffsbestimmung der Jugendarbeit. Zeitschrift für Jugendpflege. Nr. 8/9. München 1919. Sein System bringt eine Modifikation, die aus folgendem Schema ersichtlich ist. Jugendwohlfahrtspflege. 1. Jugendschutz. a) gesetzlicher, b) Jugendwohlfahrtseinrichtungen. 2. Jugendhilfe. a) Kinder- und Jugendpflege, b) Jugendfürsorge. Wie unsystematisch man vorgehen kann, beweist das wertvolle Buch: Reicher: Die Theorie der Verwahrlosung. Wien 1908, in dem einfach aneinandergereiht wird: Hygiene, Erziehung, Schutz der Arbeitskraft, Vormundschaft, Jugendgerichte. Ähnlich auch noch: Blaum: Die Jugendwohlfahrt. Leipzig 1921. in Felisch: Neuordnung der Menschenliebe. Berlin 1918. S. 143 ist der Systemversuch von Dr. Paul Posener wiedergegeben, der mir aufs deutlichste dafür zu sprechen scheint, zu wie ungeheuerlichen Gebilden man kommen muß, wenn man 1. jede mögliche Beziehung zu Fremdgebieten eingliedert, 2. nach Materien und nicht nach Methoden vorgeht und 3. einen Oberbegriff nicht nach Möglichkeit in zwei, höchstens drei Unterbegriffe teilt. Alice Salomon: Leitfaden der Wohlfahrtspflege. Leipzig-Berlin 1923, rechnet zur Fürsorge die Arbeit an der noch nicht schulentlassenen normalen Jugend und beschränkt Pflege nur auf die 14—18jährigen Normalen.

4) Vgl. RJWG. § 2 Abs. 2. An dieser Stelle ist der abweichenden Ansicht des Kommentars für das Reichsgesetz für Jugendwohlfahrt von Bäumer, Hartmann, Becker, Berlin 1923 entgegenzutreten. Dort wird dem Oberbegriff Jugendhilfe unser Begriffspaar untergeordnet, Jugendwohlfahrt als das Ziel der Jugendhilfe hingestellt. Wenn diese Bestimmung sicher einer schärferen logischen Prüfung besser standhält, so ist durch den überwiegenden Gebrauch des Wortes Jugendwohlfahrt als dem Inbegriff aller Arbeit zu dem eben durch dies Wort bezeichneten Ziel und die mehr und mehr verschwindende Benutzung des Wortes Jugendhilfe die Auslegung nahegelegt, die Klammer unmittelbar auf Jugendwohlfahrt zu beziehen. Der praktische Gebrauch hat sich dafür entschieden (das Gesetz heißt auch nicht »für Jugendhilfe«); ich möchte das aus Gründen der Analogie zum Begriff Allgemeine Wohlfahrt (vgl. weiter unten) befürworten. So auch Alice Salomon a. a. O.

5) Vgl. besonders Bäumer, Hartmann, Becker a. a. O. und Blaum-Riebesell-Storck: Kommentar z. RJWG. Mannheim 1923, aber auch Friedeberg-Polligkeit: Kommentar z. RJWG. Berlin 1923. Bovensiepen: Kommentar z. RJWG. Leipzig 1923. Fichtel: Das Reichsgesetz für Jugendwohlfahrt. München 1923. Vgl. auch die ungefähre Aufgabenscheidung in § 3 (Jugendfürsorge) und § 4 (Jugendpflege) des RJWG.

6) Vgl. folgende Arbeiten: Ernst Francke: Sozialpolitik und Wohlfahrtspflege und Robert von Erdberg: Staatliche Wohlfahrtspflege beide in »Vom Wesen der Wohlfahrtspflege«, Festgabe für Dr. Albert Levy 1918. Handwörterbuch der Staatswissenschaften, 3. Auflage, Jena 1911, Artikel »Wohl-

fahrtspflege« von Robert v. Erdberg. Robert v. Erdberg: Die Wohlfahrtspflege. Eine Studie. 1912. Rudolph Stammler: Gedanken und Ziele der Wohlfahrtspflege. 1906. Derselbe: Recht und Wirtschaft. Marie Baum: Die Wohlfahrtspflege. Korreferat. 1916. Alice Salomon a. a. O. Ludwig Heyde: Abriß der Sozialpolitik. 1922. Leop. v. Wiese: Einführung in die Sozialpolitik. 1921. Christian Jaspar Klumker: Fürsorgewesen. 1918. Gustav Schmoller: Die soziale Frage. 1918. Helene Simon: Wohlfahrtspflege in »Soziale Praxis«. 1921. Heft 30. Wilhelm Polligkeit: Bericht. Ebenda. 1921. H. 13. Hans Meier: Stellung der sozialen Fürsorge in der neuen Zeit. Ebenda. 1920. Heft 27. Gerhard Albrecht: Bericht in den Jahrbüchern für Nationalökonomie und Statistik, Bd. 116, Heft 3. Neuerdings vgl. auch: Friedrich Mahling: Die sittlichen Voraussetzungen der Wohlfahrtspflege. Bd. I der »Wohlfahrtspflege in Einzeldarstellungen«, herausgeg. b. von Behrendt, Karstedt, Wronsky, Berlin 1925. Ein Vergleich und systematische Kritik ergab folgendes Resultat als ein Optimum der möglichen Nomenklatur: Dem Oberbegriff (allgemeine) Wohlfahrt werden die Begriffe Sozialpolitik und Wohlfahrtspflege untergeordnet; die genaue Definition lautet: »(Allgemeine) Wohlfahrt = Inbegriff der Bestrebungen von Staat und Gesellschaft, eine den jeweiligen Kulturideen entsprechende Volkslebenshaltung herbeizuführen oder zu bewahren. Geschieht das in genereller Weise, so handelt es sich um Sozialpolitik; wird dabei individualisierend verfahren, so haben wir es mit Wohlfahrtspflege zu tun. (Fürsorge ist die Wohlfahrtspflege der in einem besonderen Sinne hilfsbedürftigen Gruppen).« Neuerdings hat Hans Meier die Frage wieder aufgegriffen und zusammenfassend behandelt im Anschluß an die Arbeiten von Stammler und von Erdberg (Deutsche Zeitschrift für Wohlfahrtspflege, 1. Jg. 1925. Nr. 6, Berlin unter dem Titel: »Der Begriff der Wohlfahrtspflege in der neueren Literatur und Gesetzgebung«). Weder die angeführte neue Literatur, noch sein eigener Versuch vermögen aber zu überzeugen; wie im besonderen die Frage nicht vom Anspruch des einzelnen her lösbar ist (es wird dann eben Fürsorge nicht Wohlfahrtspflege definiert), so geht jede Definition, die eine starre Eingliederung der Einzelgebiete entweder in die Sozialpolitik oder Wohlfahrtspflege ermöglichen will, einfach an den Tatsachen vorüber, die je länger desto deutlicher zeigen, daß je nach der Tendenz ein und dasselbe Gebiet Objekt der einen oder der anderen werden kann. Ob die Charakteristika »generalisierend — individualisierend« sich auf die Dauer als ausreichend bewähren (oder die Scheidung nicht überhaupt gegenstandslos wird) bleibe dahingestellt; jedenfalls wird eine zureichende Bestimmung der Gebietsgrenzen nicht auf den Umkreis, sondern stets auf die Methoden der Arbeit zurückgreifen müssen.

7) Alice Salomon a. a. O. e. g.

8) § 1 RJWG. bringt eine analoge Teilung in Absatz 1. Außerdem vgl. die Systematik Heinrich Webers in seinem Buche: »Akademiker und Wohlfahrtspflege im Volksstaat«, Essen 1922, die ganz analog zu unserer Einteilung der Jugendwohlfahrt für die allgemeine Wohlfahrtspflege vorschlägt zu trennen in »Einrichtungen und Maßnahmen zur wirtschaftlichen, physischen und geistig-moralischen Hebung des Volkes« und in Parenthese erläutert: »sozialwirtschaftliche, sozial-hygienische und geistig-moralische Fürsorge«.

9) Also mindestens seit dem Jahre 1908 (Preußischer Justizministerialerlaß vom 1. April 1908). Vgl. zum Ganzen dieser Tendenz auch Heinrich Weber a. a. O. S. 4, wo die Verstärkung der pädagogischen Arbeit innerhalb

der Jugendfürsorge als Beispiel für die immer mehr anwachsende Intensivierung aller Wohlfahrtspflege überhaupt genannt wird.

[10]) D. h. Bewahranstalten, Kindergärten und Horte, vgl. Alice Salomon a. a. O. S. 155 und Settlements etwa die S. A. G., Berlin-Ost.

[11]) Während in den großen Berliner Verhältnissen fast nur mit regelmäßigen Besichtigungen gerechnet werden kann, ist z. B. in Lübeck die Möglichkeit einer kurzfristigen Beschäftigung der Beamtenlehrlinge des Jugendamtes in dem staatlichen Erziehungsheim vorgesehen. Der Leiter der Anstalt war aus der Gefährdeten-Fürsorge des Amtes hervorgegangen; der nunmehrige Leiter dieser Abteilung vertrat ihn im Behinderungsfalle in der Anstaltsleitung. Kräfte der Anstalt haben Gelegenheit, durch kursorisches Mitwirken die Arbeit des Jugendamtes kennenzulernen.

[12]) Hierfür kommen in Berlin Jugendamt (Siegmund-Schultze) und Lindenhof (Wilker) in Betracht. In Lübeck folgte dem Ausscheiden des geistlichen Jugendfürsorgers auch die Umwandlung der Anstalt aus einem Rettungshaus Innerer Mission (gegründet durch Wichern) in ein staatliches Erziehungsheim.

[13]) Es kommen für Deutschland lediglich in Betracht: Hahnöfersand bei Hamburg, Wittlich an der Mosel, die thüringischen Anstalten (und vielleicht Plötzensee bei Berlin).

[14]) Vgl. dazu: 1. Das Jugendgefängnis in Wittlich. Herausgeg. von dem Preuß. Ministerium des Innern 1917; Verfasser ist der Strafvollzugspräsident Geh. Rat Dr. Karl Finkelnburg. 2. Walter Herrmann: Das Hamburgische Jugendgefängnis Hahnöfersand. Hamburg 1923. 3. Die Arbeiten Wicherns und Krohnes und neuerdings: 4. Otto Zirker: Der Gefangene, Neuland der Erziehung in der Strafanstalt. Werther, Teutoburger Wald 1924. 5. Kurt Bondy: Pädagogische Probleme im Jugendstrafvollzug. Mannheim 1925. 6. Moritz Liepmann: Die neuen »Grundsätze über den Vollzug von Freiheitsstrafen« in Deutschland. Vgl. auch 7. Hermann Nohl: Der Sinn der Strafe, in der Monatsschrift »Die Erziehung«; 1. Jahrg. 1925, Heft 1, Leipzig, und 8. Richard Gutfleisch: Strafvollzug und Erziehung, Freiburg 1926. Ob man 9. nach den Mitteilungen, die Strafanstaltspfarrer Reymann über die Arbeit in dem seit dem 1. IV. 24 bestehenden inzwischen nach Breslau verlegten Jugendgefängnis zu Wohlau gemacht hat, auch dieses nennen darf, wage ich nicht zu entscheiden; siehe Achtes Jahrbuch der Schlesischen Gefängnisgesellschaft, Breslau 1924.

[15]) Jedoch wird man dabei nicht so weit gehen dürfen, wie Curt Bondy a. a. O. S. 1: »Auch die staatliche Strafe darf im wesentlichen keinen anderen Sinn haben, als etwa die häusliche oder disziplinäre Strafe, an deren Stelle sie tritt, wenn es sich um eine durch das Gesetz mit Strafe bedrohte Tat handelt. So aufgefaßt, fällt der Gegensatz von Strafe und Erziehung fort; die Strafe ist, jedenfalls soweit sie sich auf Jugendliche bezieht, in erster Linie eine Erziehungsmaßnahme.« Diese Auffassung verkennt ganz, daß die Institution des Jugendgefängnisses, die sich ja selbst eben erst vom allgemeinen Strafvollzug loszulösen beginnt, immer in erster Linie ein Glied der Rechtssphäre im staatlichen Leben ist und bleiben wird. Von den Erfordernissen der Erziehung allein her läßt sich das Jugendgefängnis überhaupt nicht begründen, sie kann sich mit der Einrichtung der Fürsorgeerziehung durchaus begnügen; diese besitzt einen ausreichenden Zwangscharakter, um als Vollstreckerin einer staatlichen Strafmaßnahme gelten zu dürfen, sie braucht

aber keinen Gewaltcharakter zu besitzen, ohne den wiederum der Begriff des Jugendgefängnisses, sofern es eben Gefängnis ist, und im ganzen des gegenwärtigen Strafvollzugs seinen Platz hat, nicht zu denken ist. Ein Einwand im Interesse der Strafmöglichkeit, der aus Bondys Bemerkung (S. 13) zu folgern wäre: Jugendgefängnis und Fürsorgeerziehungsanstalt »unterscheiden sich grundsätzlich scharf dadurch, daß die Verurteilung zu Gefängnis eine Strafe darstellt, die Überweisung in eine Fürsorgeerziehungsanstalt dagegen eine reine Erziehungsmaßnahme, die keinen Strafcharakter trägt«, läßt sich auf Grund des § 7 des Jugendgerichtsgesetzes, wonach der Strafrichter Fürsorgeerziehung anordnen kann, wenn er sie unter Absehung von einem ausgesprochenen Straferkenntnis für ausreichend hält, entkräften. Diese Auffassung vertritt auch Goeze in seinem Buche »Die Fürsorgeerziehung«, Berlin 1925, S. 14; damit allerdings ist nicht in Einklang zu bringen die Ausführung auf S. 94 ff. Bondy selbst ist sich über die Geringwertigkeit dieser Unterscheidung auch (S. 14) klar: »Es kann nicht geleugnet werden, daß die Erziehungsmaßnahmen der zwangsweisen Überweisung in eine Fürsorgeerziehungsanstalt für den Jugendlichen fast immer eine Strafe darstellt.« Trotzdem bleibt er dabei: »Das Jugendgefängnis würde damit in das System der differenzierten Fürsorgeerziehungsanstalten eingeordnet werden.« Ohne auf das unlösbare, vor kurzem erst von Hermann Nohl unter Hinweis auf die Funktionentotalität so erleuchtend behandelte Problem vom Sinn der Strafe näher eingehen zu wollen, muß doch daran festgehalten werden, daß in rein logischer Hinsicht der Erziehungsgedanke im Gefängnis eine contradictio in adjecto bleibt. Es wird sich — wenn anders das Jugendgefängnis Gefängnis bleiben soll — stets nur darum handeln können, der Erziehung im Strafvollzug soviel wie möglich Raum zu verschaffen. Nicht die Erziehung, sondern eben der Vollzug der Strafe ist das Primäre. Das berührt aber nicht die Richtigkeit der Bondyschen Position, »daß der Strafcharakter der Gefängnisstrafe lediglich in der Entziehung der Freiheit liegen kann, daß der Strafvollzug als solcher aber durchaus frei sein muß von nebenabsichtlicher Vergeltung und sein Hauptaugenmerk auf die Erziehung zu richten hat«. Im Faktum der Freiheitsentziehung liegt aber der schon aller Erziehung von vornherein entgegengesetzte Gewaltcharakter des Strafvollzugs: Der Gegensatz von Erziehung und Gefängnisstrafe ist also nicht zu überbrücken; statt einer Harmonisierung kommt nur eine dialektische Verhältnisbestimmung in Frage, deren Grenzfestsetzung in stets erneutem Kampf jedesmal von Fall zu Fall zu bestimmen sein wird. — (Durch diese Ausführungen ist natürlich keine Stellungnahme zur Frage nach der Notwendigkeit des Jugendgefängnisses überhaupt angedeutet.) — Diese Anschauung kann sich auf eine Arbeit meines Lehrers Herbert Francke berufen (»Soziale und politische Einstellung in der Jugendwohlfahrt«, Zeitschrift für Kinderforschung Bd. 30, Heft 3, Berlin 1925), die auf der psychologischen Typologie, die Eduard Spranger in den Lebensformen gegeben hat, aufbauend den antinomialen Charakter von staatlichem und erzieherischem Interesse als grundlegend betont. So auch neuerdings Grünhut, Gefängniswesen und Strafrechtsreform (in der Zeitschrift »Die Erziehung«, 1. Jahrg. 1925, Heft 2, Leipzig): »Die Grenzen der Straferziehung liegen im Rechtsgedanken. Gerade er betont aber andererseits auch die von uns im Text behauptete Eingliederung des erzieherischen Teils im Jugendstrafvollzug in die Jugendfürsorge: »Der Strafvollzug verlangt seinen Platz in der Pädagogik der

Asozialen. Nicht nur in der Fürsorgeerziehung, auch in Heilerziehung und Hilfsschule wird der Gefängnispädagoge verwandte Aufgaben finden.« (Dort auch die neueste Literatur!) Vgl. auch die sehr klaren Ausführungen bei Werner Gentz: »Der moderne Strafvollzug«, Zeitschrift für die gesamte Strafrechtswissenschaft Bd. 46, die das vorliegende Problem in ähnlicher Richtung zu lösen suchen.

16) Vgl. etwa die Einwirkung der Jugendbewegung auf das gesamte deutsche Jugendleben und die Jugendpflege.

17) Eine ungedruckte Arbeit aus dem Jahre 1923: Georg Lubinski: Wichern und Wilker, ein Vergleich über die Methoden der Fürsorgeerziehung.

18) Pestalozzis Werke, herausgegeb. von Seyffahrt, Bd. 8, S. 258 ff.

19) Paul Natorp: Pestalozzis Sozialpädagogik in Reins Handbuch 1896.

20) Bericht über das Rauhe Haus zu Horn bei Hamburg (Jahresberichte von 1833—1871), Vorbericht S. 16.

21) Paul Natorp: »Allgemeine Pädagogik in Leitsätzen«, Marburg 1905, 1. Teil, § 6 u. 8.

22) Daß genau genommen ja nicht alle Kulturgüter den gleichen spezifischen Bildungswert besitzen und infolgedessen eine die Identität von Kultur- und Bildungsideal sprengende Auslese unter diesen zu vollziehen sein würde, kann hier außer Ansatz bleiben.

23) Eduard Spranger in seinen bisher nicht veröffentlichten Vorlesungen »Systematische Pädagogik«, § 1, präzisiert und vertieft so den Natorpschen Begriff dahin, daß nicht der gesamte objektive Geist (bei Natorp Kultur) als Inbegriff aller möglichen Bildungsgüter Grundlage eines Bildungsideals sein könne, sondern die objektiven Gestaltungen von verschiedenem Wert für die Bildung sind. »Dann stellt sich die ganze auf objektiven Wertungen beruhende Kulturarbeit dar als ein fortschreitender Aufbau, als ein — wenn auch durch Sachverhalte und Normen gebundenes — Wertschaffen, und als eine Eroberung, die nur mit produktiver Energie gelingt«. »Es ist ein Ringen und Emporstreben, ein unablässiges Verwerfen (!) der niederen Werte um der höheren willen«, usw. (Lebensformen 1921, S. 303).

24) Richard Müller-Freienfels: »Bildungs- und Erziehungsideale von Vergangenheit und Gegenwart«. Leipzig 1921, 1. Teil, S. 24.

25) Vgl. dazu auch die Sprangerschen Definitionen der Erziehung (»Lebensformen«, Halle 1921, S. 231), und der Bildung (»Bildungswert der Heimatkunde«, Berlin 1923, S. 18), bei deren erster der Ton auf »Wertempfänglichkeit und Wertgestaltungsfähigkeit«, bei deren zweiter auf »Aufnahme aller objektiven Werte . . . in das Erleben, die Gesinnung und die Schaffenskräfte« liegt.

26) Ähnliche Formulierungen finden sich bei Lindner-Schiller: »Erziehungsziel« im Enzyklopädischen Handbuch der Erziehungskunde, herausgegeb. von Josef Moos, Wien u. Leipzig 1911 und bei Wilhelm Rein: »Pädagogik in systematischer Darstellung«, Langensalza 1906, 2. Bd., 1 u. 2, wo auch auf die verwandten Bestimmungen Theodor Waitz' Bezug genommen wird. Vgl. auch Rein »Erziehungsziel« in seinem Handbuch.

27) Natorp a. a. O. 1. Teil, § 2.

28) Ebenda § 5.

29) Ernst Krieck: »Philosophie der Erziehung«. Jena 1922, S. 10.

30) Vgl. hierzu: Eduard Spranger: Lebensformen. Halle 1921, S. 310, wie den ganzen Abschnitt über »Das persönliche Ideal«; hierher gehört auch die Unterscheidung Kerschensteiners zwischen Charakterbildung und -erziehung. In seinem Buche »Charakterbegriff und Charaktererziehung«, Leipzig und Berlin 1915, sagt er: »Bilden schließt eine viel größere Mannigfaltigkeit ein, als . . . Erziehung. Ich kann eine Statue aus Tonklumpen bilden, aber nicht entwickeln, . . . ich kann umgekehrt aus . . . einem unartigen Knaben einen Krieger möglicherweise entwickeln, aber ich kann keinen Krieger bilden. Das Bilden ist ganz in meine Hand gegeben, meiner eigenen. . . . Idee unterstellt. Das . . . Erziehen ist an Triebe und Anlagen gebunden usw.«. An dieser Stelle muß auch die äußerst gehaltvolle kleine Schrift: Georg Kerschensteiner: Das Grundaxiom des Bildungsprozesses und seine Folgerung für die Schulorganisation, Berlin 1917, genannt werden. Für den ganzen Abschnitt, wie für den zweiten Teil der Arbeit können folgende Werke Erwähnung finden (außer den bereits gelegentlich angeführten): Wilhelm Rein: »Erziehungsziel«, in »Encyklopädisches Handbuch der Pädagogik«, von ihm selbst herausgegeben, Langensalza 1896. Siegfried Behn: Kritik der pädagogischen Erkenntnis, Bonn 1923. Eduard Spranger: Wissenschaftliche Pädagogik und Volksleben in »Kultur und Erziehung«, Leipzig 1923. Derselbe: Gedanken über Lehrerbildung, Leipzig 1920. Die neue große Arbeit Kerschensteiners zur Bildungstheorie konnte nicht mehr berücksichtigt werden. Unter ihnen ist nur das außerordentlich anregende Buch des Bonner Phänomenologen unserm Problem ausschließlich gewidmet. Neben Krieck, Müller-Freienfels und Natorp sind die hier aufgeführten Werke mit der Frage prinzipiell und formal befaßt. Folgendes zur inhaltlichen Bestimmung des Erziehungsideals: Jean Paul: Nirwana, 2. Bruchstück, 1. Kapitel, Langensalza 1892. Karl Volkmar-Stoy: Enzyklopädie, Methodologie und Literatur der Pädagogik, Leipzig 1878, § 20—23, »Von der pädagogischen Teleologie.« Wilhelm Münch: »Geist des Lehramts«, 2. Aufl., Berlin 1905. Rudolf Lehmann: Erziehung und Erzieher, Berlin 1901. Jonas-Cohn: Geist der Erziehung, Berlin und Leipzig 1919, 1. Teil. Fr. W. Förster: Erziehung und Selbsterziehung, Zürich 1919. (Abschnitt: Die obersten Zielsetzungen der Erziehung.)

31) Wilhelm Polligkeit: Das Recht des Kindes auf Erziehung, Dresden 1906, § 36. Vgl. auch Bäumer usw. a. a. O. S. 259.

32) RJWG. § 1 usw. a. a. O. S. 36.

33) Tüchtigkeit wird fast ausschließlich auf taugen, tauglich zu etwas zurückgeführt, nicht auf Tugend — virtus und areté. Auch das für den gegenwärtigen Gebrauch des Wortes so wichtig gewordene Bethmann-Hollwegsche Wort: »Freie Bahn dem Tüchtigen!« weist auf den gesellschaftlichen Zusammenhang. Hier ist tüchtig der im besonderen Maße für das gesellschaftliche Leben brauchbare.

34) Vgl. Preußische Ausführungsanweisung zum RJWG. (Abschn. 5. Abs. 16) und Preußisches Ausführungsgesetz zum RJWG. vom 29. 3. 24 (Preuß. Gesetzsammlung S. 180) in »Volkswohlfahrt« (S. 167), Amtsblatt und Halbmonatsschrift des Preußischen Ministeriums für Volkswohlfahrt, Berlin.

35) RJGG. § 15.

36) Herbert Francke: Das Jugendgerichtsgesetz, Berlin und München 1923, S. 39. Ich möchte meinen, daß die Formulierung »den Anforderungen entspricht«, leicht schon zu positiv erscheinen mag. Der allein möglichen

Feststellungsart (der guten Führung in rein rechtlichem Sinne) gemäß würde ich »nicht zuwider handelt« für entsprechender halten.

37) »Grundsätze für den Vollzug von Freiheitsstrafen. Vom 7. Juni 1923.« Reichsgesetzbl., Teil 2, 1923, Nr. 23.

38) »Dienst- und Vollzugsordnung (DVO.) für die Gefangenenanstalten der Justizverwaltung in Preußen vom 1. August 1923.« Für den Dienstgebrauch gedruckt im Strafgefängnis Tegel.

39) Für die Hamburger Dienst- und Vollzugsordnung vom 24. Oktober 1924. Vgl. Hamburgisches Gesetz- und Verordnungsblatt S. 635.

40) Die neuen »Grundsätze über den Vollzug von Freiheitsstrafen« in Deutschland von Prof. Dr. Moritz Liepmann-Hamburg, Berlin und Leipzig 1924 (S. 12). Für die sachliche Auseinandersetzung möchte ich im Anschluß an unsere Besprechung von Curt Bondys Gedankengängen über das Verhältnis von Erziehung und Strafvollzug weiter oben hier die Formulierung Werner Gentz' a. a. O. S. 135, die ich für besonders gelungen halten darf, wiedergeben: »Aus diesen Gründen (er bezieht sich auf die im Text weiter unten angedeuteten Behauptungen Ellgers!) halte ich auch den Ausdruck »Besserungstheorie« für schief und die Zielsetzung der Hamburger DVO., den Gefangenen zu einem »besseren Menschen« zu machen, in ihrer Allgemeinheit für verfehlt. Das soll natürlich nicht heißen, daß sich der Strafvollzug jeder Einwirkung auf die Gefangenen in der Richtung sittlicher Beeinflussung zu enthalten habe. Im Gegenteil, wo solche sittliche Beeinflussung gelingt, bietet sie die sicherste Gewähr für dauernden Erfolg der geleisteten Arbeit. Und darum fördern wir sie, wo sie erreichbar ist; aber, und zwar bewußt: nicht als Endzweck, sondern als eines der Mittel, ihn zu erreichen.« Diese Darstellung wirft ein gutes Licht auf das grundsätzliche Verhältnis von Jugendgefängnis und Fürsorgeerziehung. Wir werden noch sehen, wie für einen bestimmten Teil der letzten, die Resozialisierung nur noch als nebenher laufendes Ziel, oft geradezu nur als Mittel angesehen wird, die seelische »Totalität« des Zöglings zu revolutionieren, die »Metánoia«, die »Umwandlung« herbeizuführen, welche nun selber als Erziehungsziel auftreten. Während die haltbare pädagogische Zielbestimmung des Jugendstrafvollzuges die Resozialisierung um jeden Preis, selbst dem der Heuchelei (vgl. Otto Zirker a. a. O.), sein muß, wozu jene (im ethischen Sinne natürlich immer als letztes Glied erscheinende) Umkehr und Aufwühlung sehr wohl als Mittel ausgenutzt werden kann. Die Zusammengehörigkeit beider Institutionen, sofern sie pädagogischer Natur sind, ist also durch die Verwendung ein und derselben Prinzipien erwiesen; gerade die Stellung eben dieser Prinzipien jedoch im Laufe des pädagogischen Prozesses trennt sie auch wieder und begrenzt ihre Bezirke gegenseitig aufs eindeutigste.

40a) Zitiert bei Werner Gentz a. a. O. S. 140.

41) Zitiert bei Francke a. a. O. S. 198.

42) Vgl. Curt Bondy a. a. O. S. 18.

43) Hans Ellger: Der Erziehungszweck im Strafvollzug, Halle 1922, S. 38 »Das Ziel der Erziehung«.

44) Ellger führt die angezogene Stelle höchst beachtlich fort: »Es ist ohne weiteres zuzugeben, daß damit eine starke Veräußerlichung des Erziehungszieles gegeben ist. Es ist aber zugleich in Betracht zu ziehen, daß auch für die Erreichung dieses Zieles die Einwirkung auf den Charakter die Vorbedingung ist ... Für den Strafvollzug wird aber die Einwirkung auf den

Charakter nicht als Selbstzweck, sondern als Mittel zum Zweck der Resozialisierung in Betracht kommen«.

45) Vgl. a. a. O. S. 71: »Aufgabe des Jugendgefängnisses«, siehe auch S. 16: »Der Schädling wird wieder zu einem wertvollen Staatsbürger«.

46) Curt Blaum: Die Jugendwohlfahrt, Leipzig 1921, S. 19. Vgl. zum ganzen Abschnitt auch Freudenthal: »Gefängnisrecht und Recht der Fürsorgeerziehung« in der Enzyklopädie der Rechtswissenschaft, herausgegeben von Holtzendorff und Kohler (1914, Bd. 5, S. 106).

47) Vgl. Schriften des schlesischen Frauenverbandes, herausgegeben von Marie Weber, Heft 3, Breslau 1909. Referat Frl. Dr. de Waal: »Fürsorgeerziehung usw.« S. 19.

48) Vgl. Die staatliche und gemeindliche Jugendfürsorge und die Caritas. Freiburg 1912. Darin Würmeling-Berlin: »Die gesetzliche Fürsorgeerziehung«, Leitsatz 4 S. 47.

49) Vgl. »Verhandlungen über die Wirksamkeit des Fürsorgeerziehungsgesetzes«. Konferenz der Zentralstelle für die Jugendfürsorge in Berlin 1906. Leitsatz 1 S. 76, in »Welche Forderungen sind an die Anstaltserziehung und welche an die Familienerziehung zu stellen«, Referat von Pastor Louis Plass.

50) Louis Plass: Praktische Erziehungsarbeit im Fürsorgeheim am Urban, Berlin 1910, S. 1.

51) August Aichhorn: »Über Erziehungs- und Besserungsanstalten« in Heft 11 des Bandes 9 der Zeitschrift Imago (Für Anwendung der Psychoanalyse auf die Geisteswissenschaften), herausgegeben von Sigmund Freud, Wien 1923, S. 190 und 194.

52) August Aichhorn: »Verwahrloste Jugend«, die Psychoanalyse in der Fürsorgeerziehung mit einem Geleitwort von Sigmund Freud, Leipzig, Wien, Zürich 1925. Zu der zitierten Stelle aus dem Freudschen Geleitwort sei hier eine weitere hinzugefügt, die in ihrer sprachlichen Primitivität sehr erhellend ist: »Die Möglichkeit der analytischen Beeinflussung ruht auf ganz bestimmten Voraussetzungen, ... wo diese fehlen, wie beim Kind, beim jugendlichen Verwahrlosten, ..., muß man etwas anderes machen als Analyse (!), was dann in der Absicht wieder mit ihr zusammentrifft«.

53) Man muß sich aber vor Augen halten, daß mit dem Terminus Kulturfähigkeit nicht etwa analoges zu den eingangs mitgeteilten Äußerungen Natorps oder Sprangers gemeint ist; seine Bedeutung wird etwa aus S. 15 ersichtlich: es handelt sich also um einen soziologisch gefärbten Kulturbegriff; besser wäre wahrscheinlich »Gesellschaftsfähigkeit«.

54) Pastor Hans Weiker: Fürsorgeerziehung Jugendlicher in »Sozialer Aufbau«, Beilage zur Münchener Post Nr. 24 und 25 vom 16. und 22. Juni 1922.

55) Diese Einschränkung mag als Beleg zu unserer anfangs aufgestellten Behauptung von der notwendigen Beschränktheit eines Erziehungsideals in der Jugendfürsorge gelten.

56) Zeitschrift »Jugendfürsorge und Fürsorgeerziehung«, herausgegeben von Dr. Buchberger, München 1917, Heft 3, darin Moll »Ausbildung und Erziehung des Fürsorgeerziehungszöglings zu einem bestimmten Lebensberuf«.

57) Adalbert Gregor: »Erziehungssysteme und Erziehungsanstalten«, Zentralblatt für Vormundschaftswesen usw. 9. Jahrgang Nr. 3—4, Berlin 1919.

57a) Gregor, Adalbert und Voigtländer, Else: »Leitfaden der Fürsorgeerziehung«, Berlin 1925.

57b) Zur Unterstützung des im Text Gesagten sei hier noch auf ein paar Sätze Carl Mennickes (a. a. O.) hingewiesen, »aber natürlich ist solche soziologische oder sozialpsychologische Erkenntnisarbeit nur die eine Seite der Sache. Bliebe sie allein, so würde sie ja nur den Verantwortungsidealismus brechen können, während doch unter allen Umständen seine Befruchtung gemeint sein muß. Mit der sozialpsychologischen Erkenntnis muß sich deshalb eine sozialpädagogische Bildung aufs engste verbinden«. (S. 7/8.)

58) Vgl. hierzu Krohne: Erziehungsanstalten für die verlassene, gefährdete und verwahrloste Jugend in Berlin 1901. Der Geschichtliche Abriß gibt für die Frage wenig her, ebenso die beiden großen Geschichtswerke der konfessionellen Liebestätigkeit, auf evangelischer Seite: Uhlhorn: Geschichte der christlichen Liebestätigkeit, Stuttgart 1882, und auf katholischer: Ratzinger: Geschichte der kirchlichen Armenpflege, Freiburg 1884. Es ist ja selbstverständlich, daß die Fragestellungen auf einem in den letzten 4 Jahrzehnten so veränderten und entwickelten Gebiet wie dem der Wohlfahrtspflege völlig andere geworden sind. In neuester Zeit liegen aber erst zwei weniger umfangreiche Versuche vor, an Hand welcher der Anteil der katholischen und der protestantischen Arbeit gegeneinander abgewogen werden könnte: Backhausen: Die Geschichte der evangelischen Anstaltspädagogik (unter Berücksichtigung der Geschichte der Jugendfürsorge) in dem weiter unten zitierten Buch von Steinwachs usw. und Becking: Familien- und Anstaltserziehung in der Jugendfürsorge (eine grundsätzliche und entwicklungsgeschichtliche sozialethische Untersuchung). Freiburg 1925. Die Arbeit Backhausens, die sich prinzipiell nur mit der evangelischen Anstaltspädagogik befaßt, leidet darunter, daß sie sich dem Charakter eines Lehrbuches einzufügen hat, also in der historischen Untersuchung nirgends verweilen und in die Tiefe gehen kann, während das Buch Josef Beekings zwar »den Gang der inneren Entwicklung der Kinder- und Jugendfürsorge in Deutschland unter besonderer Berücksichtigung des katholischen Jugendfürsorgewerkes einmal aufzeigen« soll, aber in Wahrheit (trotz gerechter und vornehmer Würdigung protestantischer Leistungen im einzelnen) aufs Große gesehen aus der besonderen Berücksichtigung eine fast ausschließliche Darstellung der katholischen Arbeit gemacht hat, wobei eine überwältigende Fülle von Einzeldaten die bedeutenderen Höhepunkte und Akzente im Fluß des historischen Geschehens mehr verschleiern als deutlich herausstellen. Nur umfangreiches Quellenstudium kann daher nach der heutigen Lage der Literatur die Frage zureichend beantworten; das in den genannten Veröffentlichungen bisher mitgeteilte Material scheint mir aber den Schluß auf den im Text behaupteten Vorrang der protestantischen Leistung für unser Problem zuzulassen.

59) So Konstantin Noppel, S. J.: Die katholischen Waisenhäuser, Fürsorgeerziehungsanstalten und Zufluchtsheime in Deutschland. Freiburg 1915.

60) Vgl. z. B. die von katholischer Seite mit größter Anerkennung angeführten Bücher: P. Anton David, S. J. Präfektenbuch, Regensburg und Wien 1918. Moritz Meschler, S. J. gesammelte kleine Schriften. 2. Heft: Leitgedanken katholischer Erziehung. Freiburg 1909. Johann Nep. Eckinger, S. J.: Die katholische Anstaltserziehung in Theorie und Praxis. Freiburg 1913. Eckinger, der die Frage allein in extenso behandelt, kommt zu dem vagen Resultat: »in der rechten Ausbildung des Gewissens ist der Schwerpunkt

der Erziehung zu suchen«. »Gewissen ist der Finger Gottes, der sich zu uns herüberstreckt aus dem Jenseits.«

[61]) W. Backhausen: Die Zukunft der konfessionellen Anstaltserziehung, Zentralblatt für das Vormundschaftswesen, 9. Jahrgang, Nr. 14, Berlin 1919, S. 139.

[62]) Becker, Rheindahlen: »Die religiöse Erziehung in unseren Anstalten« in Vorträgen, gehalten beim Fürsorgeerziehungskursus vom 9.—14. Januar 1911 in Bonn, S. 56.

[63]) Vgl. Anm. 61 a. a. O., S. 141.

[64]) Leopold Zscharnack: Wicherns Stellung in der Geschichte der Fürsorgeerziehung und des Rettungshauswesens in »Zeitschrift für das Armenwesen«. Herausgegeben von Hugo Münsterberg. 9. Jahrgang, Heft 10, Berlin 1919.

[65]) Vgl. hierzu Wicherns »Gesammelte Schriften« Band 5 und 6, besonders Band 6 »Aufsätze über Rettungsanstalten aus dem Jahre 1833«. Hamburg 1908.

[66]) Gerhard Teichmann: Johann Heinrich Wicherns pädagogische Ideen, Dissertation. Erlangen 1912.

[67]) Auch Paul Wurster: Gustav Werners Leben und Wirken. Reutlingen 1888 ist hier zu nennen.

[68]) Vgl. dazu vor allem Aloys Fischer: »Das Verhältnis der Jugend zu den sozialen Bewegungen und der Begriff der Sozialpädagogik« in »Jugendführer und Jugendprobleme«, Kerschensteiner-Festschrift, herausgegeben von Fischer und Eduard Spranger. Berlin und Leipzig 1924.

[69]) In der darauf folgenden Gründungsversammlung sind dann unter von ihm genannten sechs Momenten, »denen vermittelst einer Privatanstalt begegnet werden kann, und denen gegenüber die Anstalt sich gestalten muß, will sie ihren Zweck nicht verfehlen« folgende von erheblichem Interesse für unser Problem: »4. Das von bloß bürgerlichen und irdischen Verhältnissen unterdrückte religiöse höhere Bewußtsein. 5. Der Zwiespalt von Schule und Haus. 6. Die mit allem diesen erzeugte und immer kräftiger wirkende Vereinzelungssucht, Eigensucht und Eigenliebe; mit einem Wort das Aufhören der Gemeinschaft in der Liebe.« Diese Sätze können als die negative Ergänzung des im Text Mitgeteilten gelten; auch sie sind in ihrer merkwürdig weitsichtigen Klarheit noch von eminenter Gegenwartsbedeutung. Wären sie nicht auf dem frühzeitig großstädtischen Boden Hamburgs entstanden, so könnte man sie für eine schwer glaubhafte Verfrühung im Todesjahre Goethes halten. Der II. Jahresbericht vom Jahre 1835 nimmt das Thema dann aus der praktischen Erfahrung heraus noch einmal auf: »Freilich kann auch für diese freiere Form nur insofern das Wort geredet sein, als sie selbst aus dem Geiste des Evangeliums hervorgegangen ist und insofern sie die günstigsten Bedingungen in sich trägt, den kindlichen Gemütern das Leben in diesem Geiste lieb und klar zu machen, in denselben die Aufnahme und die eigentümliche Gestaltung und Herausbildung des neuen inneren Lebens zu fördern und vor neuen vielleicht viel schlimmeren Abirrungen zu sichern.«

[70]) Backhausen: Die evangelische Anstaltserziehung mit besonderer Berücksichtigung der Fürsorgeerziehung. Herausgegeben von Steinwachs, Backhausen und Voigt. Hannover 1922, S. 96 f. »Das evangelische Erziehungsziel.«

71) Backhausen: Lebensgemeinschaft als Grundlage der Anstaltserziehung, Vortrag gehalten in Bamberg 1923 in »Blätter für Innere Mission in Bayern«. 38. Jahrgang, Nr. 7—9, Nürnberg 1923.

72) Vgl. Ernst Troeltsch: Politische Ethik und Christentum. Tübingen 1904.

73) Beutel: »Kirche und Jugendwohlfahrt«, Bd. II des Evangelischen Wohlfahrtsdienstes, herausgegeben von Steinweg. Berlin 1925.

74) Vgl. Preußische Ausführungsanweisung zum RJWG. a. a. O.

75) Felisch: Neuordnung der Menschenliebe. Berlin 1918, S. 117 u. 127.

76) Walter Rathenau: Von kommenden Dingen. Berlin 1917, S. 345.

77) A. a. O. vgl. Anmerkung 54.

78) Heiner Lotze: Gedanken über Fürsorgeerziehung in »Junge Menschen«, Blatt der deutschen Jugend. 4. Jahrgang, Heft 7. Hamburg 1923.

79) Hermann Justus Haarman: »Der Kampf gegen die Gefährdung und Verwahrlosung Jugendlicher« in Erziehungsprobleme der Reifezeit, herausgegeben von Küster, Leipzig 1925.

80) Karl Wilker: Fürsorgeerziehung als Lebensschulung. Ein Aufruf zur Tat. S. 16 f., 23, 25, 31. Berlin 1921. Vgl. auch dazu Karl Wilker: Der Lindenhof. Kettwig an der Ruhr. 1922 in »Das werdende Zeitalter«. 2. Jahrgang, 1. Heft, Berlin 1923. Verschiedene Beiträge.

81) Kerschensteiner, a. a. O. (»Charakterbegriff usw.«) vgl. Anmerkung 30.

82) Es war schon oben darauf hingewiesen worden, daß in diesen Rahmen auch die Ansichten Walter Herrmanns (vgl. a. a. O. S. 35 f.) gehören, der wie sein Mitarbeiter Curt Bondy (a. a. O.) über den Zusammenhang mit der Jugendbewegung auch in seinem Buche keinen Zweifel läßt (vgl. auch die Einführung Liepmanns zu Herrmann S. XVII). »Dieses Erziehungsziel kann ganz allgemein darin gesehen werden, den Gefangenen zu ihrem Leben eine andere Einstellung zu geben. Sie sollen ein neues Lebensgefühl bekommen, sollen kritisch werden, sollen unterscheiden lernen, was in ihrem Leben wertvoll ist und was nicht; sie sollen denken und ihre Zukunft bewußt und in gutem Sinne zu gestalten lernen.« Dieser Satz schließt nicht den Dualismus der angeführten Bondyschen Meinung in sich und steht damit fester auf dem Boden dieser Gruppe als Bondy selbst. Eine andere Formulierung des letzten zeigt aber doch auch, wo wir das Schwergewicht seines Zielsetzungsversuches zu suchen haben (S. 20): »Wir sehen . . unsere pädagogische Aufgabe . . . darin, unsere Zöglinge reif zu machen, Werte zu erkennen und ein ihnen gemäßes wertvolles Leben führen zu können.« Weiter (S. 22): »Wir wollen die Jugendlichen zu dem höchsten Wertgrad erziehen, der für sie erreichbar ist.« Und schließlich: »Was . . erreicht werden kann und muß, ist eine bestimmte innere und äußere Haltung, wie sie durch das Leben in einer wirklichen Erziehungsgemeinschaft erworben wird.« (Alles vom Verfasser selbst gesperrt.) ». . . Die Jugendbewegung hat gezeigt, daß sich aus einem engen Gemeinschaftsleben eine bestimmte Lebenshaltung entwickeln kann, die ganz spezifisch gerade für diese Gemeinschaft ist. Dabei ist für uns gerade die Erfahrung besonders wichtig, daß auch solchen Menschen diese Haltung vermittelt werden kann, die nicht in der Lage wären, sie sich selbst zu erarbeiten.« Klar erfaßt ist in diesen Sätzen der Gedanke, den wir bei der Definition des Begriffes Erziehungsideal von Pestalozzi und Natorp über-

nahmen: Der Zögling muß zunächst in Rücksicht auf seine Lage gebildet werden; darüber hinaus aber zerstreuen sie doch nicht alle Zweifel, ob im Grunde nicht eine Prävalenz jener »äußeren« gegenüber der »inneren Haltung« gemeint sei, ob im besonderen die Begriffe Gemeinschaft und Haltung nicht mehr auf einen modus vivendi im gesellschaftlichen Leben als auf einen durch innere Umkehr freiwerdenden Weg zur Formung des eigenen Schicksals hindeuten, eines Schicksals, das selbst als Symbol eines ethisch-metaphysisch erfaßten Verhältnisses zum Unbedingten gelten darf. Für Herrmanns Worte scheinen mir diese Bedenken sich weniger aufzudrängen.

83) Schon deswegen dürfte es wenig ratsam sein, sich an den Wortlaut der Formulierungen oder das mit ihnen zu allernächst Gesagte und Beabsichtigte allzu ausschließlich zu halten, weil die sehr überwiegende Mehrzahl der Aussagen in völlig beiläufiger Art gemacht worden ist, ohne die Absicht, dem Problem mit eben dieser Bemerkung wirklich auf den Grund zu gehen; und selbst da, wo diese Absicht vorlag, ist auf eine exakte Formulierung wenig Sorgfalt verwandt worden, da sie allermeist in populären oder für den Tag bestimmten Aufsätzen usw. zum Druck gelangten. So können sie oft geradezu nur als unzulängliche Symbole für eine in ihnen gemeinte Grundhaltung angesehen werden, welche selbst erst mit anderen Hilfsmitteln — etwa aus dem Darstellungszusammenhange heraus — zu vollem Verständnis gebracht werden kann.

84) Es mag hier angemerkt werden, daß im Gegensatz zu dem phänomenologischen Abriß, der in der Materialbeschaffung und -darstellung völlig beliebig und wertfrei zu verfahren beabsichtigte, schon der Versuch einer Typologie, wie der hier erstrebten, in nicht unerheblichem Maße eine Deutung unter individuell bestimmten Wertgesichtspunkten darstellen muß. Daß deswegen nicht willkürlich vorgegangen zu werden braucht, sondern die Möglichkeit einer Rechtfertigung durch wissenschaftliche Besinnung stets gegeben bleiben muß, versteht sich ohne weiteres.

85) Backhausen a. a. O. vgl. Anmerkung 71.

86) Daß dem so ist, ergibt sich positiv daraus, daß eben dies utilitarische Element das einzig bindende zwischen den Formulierungen dieser Gruppe ist, wie negativ dadurch, daß die übrigen hier in buntem Wechsel auftretenden idealbildenden Momente ebenso häufig in anderen Verbindungen und Gruppen anzutreffen sind, wo sie jedoch gewöhnlich hinreichender motiviert zu werden pflegen. Das gilt insbesondere auch für das rein soziale Erziehungsideal; selbstverständlich sind auch Spuren von ihnen bei den Vertretern des hier gekennzeichneten Typs vorhanden, jedoch nie von so ausschlaggebender Bedeutung, daß dahinter das utilitarische Moment übersehen werden könnte; während andererseits gerade das rein soziale Ideal an anderer Stelle unserer Typologie ganz im Vordergrunde steht. — Diese Bemerkung gibt Gelegenheit darauf hinzuweisen, daß die hier erstrebte Typologie eine Konstruktion in vorwiegend idealtypischer Absicht ist und somit im empirischen Material voraussichtlich stets Mischungen unserer Typen vorzufinden sein dürften.

87) Vgl. z. B. Eduard Spranger, Lebensformen. Halle 1921 und Paul Natorp, Religion innerhalb der Grenzen der Humanität. Ein Kapitel zur Grundlegung der Sozialpädagogik. Tübingen 1908.

88) Das mag teilweise auf dem Wege über das neuerwachte Interesse an Anstaltserziehung (Landerziehungsheime, Wyneken) geschehen sein. Über-

dies kann ich auf die anfänglich ausgesprochene Bemerkung verweisen, wonach Randgebiete sich stets als besonders günstige Einbruchspforten neuer Tendenzen erwiesen haben. Siegfried Kawerau hat dies auch beobachtet; vgl. Soziologische Pädagogik, Leipzig 1921. Seine Erklärung begründet m. E. aber den Sachverhalt auch nicht vollkommen (S. 110). Hinweise sind auch bei Backhausen a. a. O., vgl. Anmerkung 71, zu finden, wenigstens für den Sozialismus; für die Jugendbewegung können wir uns vielleicht auf Backhausens erotischen Typ beziehen. Er selbst verweist da auf Plato. Ich möchte glauben, daß unser Problem aus den Worten Diotimas im Gastmahl einige Beleuchtung erfahren könnte. Einer weit gründlicheren Untersuchung ist das Problem neuerdings von Carl Mennicke (a. a. O.) unterzogen worden: »Da scheint es mir keinem Zweifel zu unterliegen, daß die Menschen aus der Jugendbewegung über das an sich schon bedeutsame Verantwortungsbewußtsein hinaus ein instinktives sozialpädagogisches Wissen mitbringen, über das sonst nur wenige Menschen in der heutigen Gesellschaft verfügen. Ein Wissen, das allerdings vorwiegend auf dem Gebiete der Jugendwohlfahrt zur Geltung kommt. Aber gerade hier liegen ja auch die dringendsten Probleme der gegenwärtigen Gesellschaftslage.« Als die zu solchem Berufe treibenden Kräfte werden also herausgestellt: einmal »das in ihr tief gefaßte Gefühl der Verantwortung für die Lebensgestaltung«, und zum andern die Erzwingung der »ihr lebensnotwendigen Form des Gruppenverbandes« als Beweis eben dafür, daß »dieses Verantwortungsgefühl für den Zustand der Gemeinschaft in ihr wieder Wurzel gefaßt hat«.

89) Vgl. Kawerau a. a. O. S. 117.

90) Hans Freyer: Antäus, Grundlegung einer Ethik des bewußten Lebens. Jena 1918, S. 28.

91) Vgl. für das hier angedeutete z. B. Simmel: Rembrandt. Ein kunstphilosophischer Versuch. III. Kapitel und da besonders S. 161, (163), 167/9, 173. Leipzig 1919, wie auch Eduard Spranger a. a. O. Abschn. 2, Kap. 6, jedoch ist der dort gegebenen Systematik nicht gefolgt, für diese vgl. Paul Tillich: »Religionsphilosophie«, Berlin 1925.

92) Reinheit, hier nicht etwa im Sinne der kritischen Philosophie, sondern im Sinne des Goetheschen: »Alle menschlichen Gebrechen sühnet reine Menschlichkeit«.

93) Gustav Landauer: Aufruf zum Sozialismus, Berlin 1920, ist für den vorliegenden Begriff des Sozialismus charakteristisch. Es ist also das, was Werner Sombart in seinem neuen Buche: »Der proletarische Sozialismus« ausschließlich behandelt, gerade nicht gemeint. Es liegt daher an einer Schwierigkeit der einmal eingeführten Terminologie, wenn das Wort: Sozialismus an zwei Stellen zur Bezeichnung verschiedener Kreise auftritt: Dieser terminologische Zustand hat jedoch seinen guten Grund darin, daß eine klare Scheidung nur in idealtypischem Sinne durchführbar ist, während de facto auch der marxistische Zweig allenthalben mit Elementen jener anderen Geistigkeit durchsetzt ist, die gemessen an der ihre liberale Herkunft nicht verleugnenden, wissenschaftsfanatischen Ideologie des Marxismus die neue, schöpferische und daher in eigentlichem Sinne die sozialistische ist. (Vgl. neben anderem vor allem die Erscheinung des Jungsozialismus und dazu u. a. Viktor Engelhardt: Die deutsche Jugendbewegung als kulturhistorisches Phänomen. Berlin 1923. Derselbe: An der Wende des Zeitalters (Individu-

alistische und sozialistische Kultur), Berlin 1925; wie »Das Weimar der arbeitenden Jugend«, Berlin 1920.) Aus diesem Grunde ist auch im Text davon Abstand genommen worden, beide Gruppen als unterschiedene markant zu kennzeichnen.

94) Kawerau a. a. O. S. 95.

95) Vgl. Oskar Walzel: Einleitung zu Bd. 11 der Säkularausgabe von Schillers Werken bei Cotta S. XVI. Stuttgart u. Berlin, ohne Jahr.

96) Zu Ferguson vgl. 1, Essay on the History of civil society, deutsch von Garve, Leipzig 1772; 2. Principles of moral and political science, deutsch von Dorn und Waentig, Jena 1904. Über ihn: Handwörterbuch der Staatswissenschaften Bd. 4, S. 73, 694 u. 696. Jena 1909; wie Small: Biographical sketch of Adam Ferguson, Edinburg 1864. Vgl. auch Windelband: Geschichte der Philosophie, Tübingen 1921, 5. Teil. Die Philosophie der Aufklärung; und Troeltsch: Gesammelte Schriften Bd. 4, Aufsätze zur Geistesgeschichte und Religionssoziologie, IV, 2, Tübingen 1925. Vor allem aber: Hermann Huth: Soziale und individualistische Auffassung im 18. Jahrhundert, Leipzig 1907.

97) Behn a. a. O. S. 107.

98) Vgl. Windelband a. a. O. und Troeltsch a. a. O. IV, 3 zu Shaftesbury: G. v. Gizycky: Die Philosophie Shaftesburys, Heidelberg 1876.

99) H. G. Wells: Rettung der Zivilisation, Deutsche Übersetzung. München 1922, S. 25. Der engliche Wortlaut ist mir nicht zugänglich geworden, die Stelle heißt: »Zu einem nützlichen Glied der menschlichen Gesellschaft machen.« Derselbe: Outline of history, London 1919. Jetzt auch deutsch von Mandl-Rettenbacher, Berlin 1923—24.

100) Dazu die Besprechung Ernst Troeltschs in der Historischen Zeitschrift 1922, jetzt a. a. O. S. 699. Vgl. auch die zahlreichen Stellen in Troeltsch: Gesammelte Schriften Bd. 3, der Historismus und seine Probleme. Tübingen 1922.

101) Campe, Basedow, Salzmann, Locke, wurden daraufhin durchgesehen.

102) Wilhelm Rein im Handbuch a. a. O.

103) Behn a. a. O. S. 81, 79, 125, 241, 108.

104) Grundlegung zur Metaphysik der Sitten, nach der Reclam-Ausgabe, S. 63 f.

105) Aus der Kritik der praktischen Vernunft zitiert nach August Messer: Kants Ethik. Leipzig 1904, S. 45.

106) Eduard Spranger a. a. O. S. 137.

107) Vgl. zum folgenden besonders Paul Tillich a. a. O. wie dessen: Religionsphilosophie in »Die Philosophie in ihren Einzelgebieten«. Herausgegeben von Max Dessoir. Berlin 1925. »Grundlinien des religiösen Sozialismus«, ein systematischer Entwurf in »Blätter für religiösen Sozialismus«. Berlin, 4. Jahrg. 1923, Nr. 8—10.

108) Vgl. Müller-Freienfels a. a. O. S. 19 ff.

109) Es ist das Verdienst der marxistischen Weltanschauung, daß die Bedeutung des Unterbaues gegenüber nur ideologischen Theoremen wieder zur vollen Anerkennung gelangt ist.

110) Georg Lubinski a. a. O.

111) Vgl. die Arbeiten Günther Dehns und Ludwig Heitmanns. Be-

sonders Ludwig Heitmann: Großstadt und Religion. 3 Bde., Hamburg 1919—21; die für unser Problem wichtige Analyse gibt Band 1 (1921). Günther Dehn: Großstadtjugend. Berlin 1919. Vor allem S. 35—49: »Die Religionslosigkeit des Arbeiters und ihre Ursache«. Derselbe: Die religiöse Gedankenwelt der Proletarierjugend. Berlin 1923, wie die im Grundsätzlichen sehr viel klarere Schrift von Karl Mennicke, Proletariat und Volkskirche. Jena 1920. Übrigens ist die Literatur, die hier zu nennen wäre, außerordentlich umfangreich, handelt es sich doch geradezu um das Problem der gegenwärtigen Theologie und Kirche — (vorläufig noch mit gewissen Einschränkungen auf katholischer Seite) beider Konfessionen —, die Frage der Verkündigung. Diese Literatur bleibt aber zumeist deswegen hinter den aufgeführten Arbeiten zurück, weil ihre Verfasser sich nicht gehalten fühlen, ihre eigenen Voraussetzungen dabei wirklich radikal in Frage zu stellen. Klassisch bleiben hier allein die Werke des Schweizers Hermann Kutter (ich nenne: »Sie müssen«, »Gerechtigkeit«, 1910, »Wir Pfarrer«, 1912. Alle in Jena).

112) Leopold Zscharnack a. a. O. S. 351. Hierzu gibt es aus begreiflichen Gründen keine Literatur; die vorhandenen Aufsätze dazu in Polemiken, stehen dem Ganzen religiöser Erziehung verständnislos gegenüber, so muß ihre Kritik maßlos werden.

113) Backhausen a. a. O. (Steinwachs-B.-Voigt) S. 107.

114) Ebenda!

115) Alfred Vierkandt: Der Dualismus im modernen Weltbild, Berlin 1923, besonders Abschnitt 11: »Die Tragik des Lebens«; Zitat aus S. 83.

116) Dehn a. a. O. (Großstadtjugend) S. 39 u. 38.

117) Vgl. zum Ganzen auch Paul Tillich: Masse und Geist, Studien zur Philosophie der Masse. Frankfurt 1922.

118) Vgl. Backhausen a. a. O.

119) Ernst Troeltsch, Gesammelte Schriften, Band III: Der Historismus und seine Probleme. Tübingen 1922, S. 26.

120) Trude Mennicke: Jugendbewegung und sozialer Beruf in »Blätter für religiösen Sozialismus«, 5. Jahrg., Nr. 1—2. Berlin 1924.

121) Charlotte Lütkens: Die deutsche Jugendbewegung, ein soziologischer Versuch, Frankfurt 1925, S. 176 u. 83. Selbstverständlich wäre an dieser Stelle eine ganze Reihe von Arbeiten zu nennen, wie etwa die neueren Schriften von F. W. Foerster, Viktor Engelhardt (a. a. O.), August Messer (in der Kerschensteiner-Festschrift), Hermann Buddensieg usw. Die Gefahr einer dogmatischen Blicktrübung, die methodisch als petitio principii in die Erscheinung tritt, scheint mir aber in ihnen noch weniger umgangen als in dem hier angeführten Buch. Kommen die Verfasser selbst aus der Jugendbewegung, so sind ihre Ausführungen zumeist autobiographische Auseinandersetzungen, denen es nicht gelingt, den Horizont wirklich über ihren Heimatsort innerhalb der Mannigfaltigkeit der Bewegung hinaus zu spannen (vgl. Trude Mennicke a. a. O.); sprechen sie dagegen als Philosophen, Pädagogen, Jugendpsychologen usw., von einem Standpunkt außerhalb ihrer, so fehlt es sehr häufig an der Fähigkeit, die ihnen ja nur mangelhaft aus der konkreten und direkten Erfahrung zugänglichen Imponderabilien in ihrem Gewicht richtig einschätzen zu können; jedoch wird dieser Mangel gewöhnlich dadurch zu ersetzen gesucht, daß die scheinbar unbefangene Darstellung des Tatsächlichen schon eine starke Konstruktion von heterogenen Voraussetzungen

aus enthält (so etwa bei Max Scheler, J. M. Verweyen, Walter Hoffmann, Karl Barth u. a. m.). Es zeigt sich auch hier, genau so wie bei dem Bezugspaar Bürgertum und proletarische Bewegung, mit welchen kaum überwindbaren Schwierigkeiten der Versuch einer wissenschaftlich ausreichenden Bestimmung einer sozialen Bewegung vom Standpunkt einer anderen Gruppe her belastet ist.

122) Vgl. Mennicke a. a. O. (Zentralblatt) S. 8.

123) Eduard Spranger: »Die Generationen und die Bedeutung des Klassischen in der Erziehung« in der Festschrift zu Georg Kerschensteiners 70. Geburtstag: Jugendführer und Jugendprobleme. Leipzig und Berlin 1924.

124) Vgl. dazu Paul Tillich »Kairos« in der Zeitschrift »Die Tat«, Jahrg. 14, Heft 5, Jena 1922. Und derselbe a. a. O. (Grundlinien).

125) Diese grundsätzlichen Überlegungen sind von Troeltsch zuerst und in extenso bei Gelegenheit seiner religionsphilosophischen Arbeiten gemacht worden, es sei also hier im besonderen verwiesen auf seine Religionsphilosophie in »Philosophie des 20. Jahrhunderts«, Kuno Fischer-Festschrift, 2. Auflage, Tübingen 1907, und auf seine Gesammelten Schriften Bd. 2, Zur religiösen Lage, Religionsphilosophie und Ethik, Tübingen 1913. Selbstverständlich nehmen die späteren geschichtsphilosophischen Arbeiten diese Gedankengänge auf; vgl. besonders »Historismus« Abschn. 3 u. 4 des 2. Kapitels.

126) Vgl. Bondy a. a. O. S. 20.

127) Vgl. dazu die gleichgerichteten Gedankengänge in Arnold Bork: Lehrer und Schüler, Berlin 1924.

128) Bondy a. a. O. S. 22.

129) In dem eben angeführten Borkschen Buch ist der eindrucksvolle Versuch gemacht, alle möglichen Einwendungen gegen jede idealistische Pädagogik darzustellen und aus ihnen die Konsequenz einer völlig individuell gerichteten allgemeinen Pädagogik zu ziehen. Die recht bedenkliche Folge ist dabei, daß alle Erziehung sich lediglich im bloßen »Helfen« erschöpft.

130) Vgl. Werner Jäger: Antike und Humanismus, Leipzig 1925, S. 8 und 11.

131) Derselbe: Humanismus und Jugendbildung, Berlin 1916.

132) Aloys Fischer a. a. O. S. 298, vgl. Anm. 68.

132a) Spranger fährt freilich nun fort, »und bisher ist noch immer, wenn auf deutschem Boden ein neuer Mensch geboren wurde, die Antike dabei gewesen. Es ist die Frage, ob sie auch diesmal dabei sein wird und in welchem Sinne?«(133).

Diese Frage ist zu verneinen, wie wir nicht zweifeln. Gewiß werden auch hier und da direkte Berührungen mit der Antike stattgehabt haben, wie das bei einer so umfassenden Bewegung und bei einem Bildungsideal, das immerhin noch um seine Behauptung im Kerngebiet der deutschen Jugendbildung ringt — steckt doch ein ziemlich beträchtlicher Teil dieser Jugend in den Gymnasien — nicht anders erwartet werden kann, aber irgendwie ausschlaggebend für die Art des in ihr geborenen Humanismus, für die inhaltliche Erfüllung des ihn bedingenden Wiedergeburtserlebnisses sind sie keinesfalls; wenn anders nicht die Tatsache dafür einstehen soll, daß die gegenwärtige jugendliche Seele gar nicht in der Lage wäre, in einer Tiefe, Klarheit und Feinheit Erlebnisse zu haben, wie sie de facto doch möglich sind, hätten nicht Sokrates und Plato gelebt und gewirkt, wäre nicht ihr Geist und die von ihm ausgehende Atmosphäre immer wieder die mütterliche Nahrung aller Bildungsbestrebungen über die Jahrtausende hinaus gewesen und wäre schließlich nicht das gesamte überindividuelle Geistesgut der europäischen Kulturvölker geschwängert von jener hellenischen Verwirklichung reinen Menschentums, auf deren Stirn die Inschriften: Erkenne dich selbst! und Werde der du bist! leuchten.

Der Versuch neben dieser — sit venia verbo — Milieueinwirkung der Antike noch eine unmittelbare konstatieren zu wollen, scheint mir stichhaltig nicht begründet werden zu können. Eduard Spranger weist auf Stefan George hin; selbst vorausgesetzt, George wäre in erster Linie Mittler hellenischen Geistes([134]), so darf sein Einfluß doch keineswegs seiner Intensität wie besonders seiner Extensität nach überschätzt werden. Hält man sich vor Augen, daß es sich um eine ihrer sozialen Herkunft nach durchaus kleinbürgerliche, in der Mehrzahl ihrer Vertreter bewußt ungeistige Bewegung handelt, deren eigener literarischer Ausdruck aufs Ganze gesehen bislang genau so unvollkommen ist, wie sein Verhältnis zu differenzierten künstlerischen Darstellungen überhaupt, so wird man verstehen, daß »sich diese Erscheinung auf eine dünne aristokratische Schicht beschränkt«, wie Spranger das sagt. Dazu kommt, »daß diesmal der Weg abseits der wissenschaftlichen Philologie gesucht wird« und gesucht werden muß, da ein Organ für die Wissenschaft überhaupt wenigstens primär nicht vorhanden ist. Was aber eine Rezeption der Antike ohne philologisches Eindringen, ohne also auch die Möglichkeit, sich unter den bildenden Einfluß der alten Sprachen zu stellen, heute bedeuten solle, ist schlechterdings nicht einzusehen. So scheint allerdings nichts anderes übrig zu bleiben, als die Möglichkeit eines nicht aus der Berührung mit der Antike entstandenen und nicht an ihr wachsenden Humanismus zuzugestehen.

133) Eduard Spranger: Humanismus und Jugendpsychologie, Berlin 1917, S. 21 f.

134) Vgl. dazu außer Gundolfs Buch auch Christian Geyer: Die Religion Stephan Georges, Rudolstadt 1923. Eher schiene uns ein unmittelbarer Zusammenhang mit der Antike im Wiedererwachen des Körpergefühls zu entdecken zu sein. Doch wissen wir zu wenig völlig Eindeutiges davon, in welchem tieferen Sinne Körper»kultur« bei den Alten gepflegt wurde, sind uns ebensowenig über die Bedeutung unserer eigenen Wandlung im klaren, kennen zuletzt doch eine ganze Reihe anderer Motive für unsere gegenwärtige Stellung zu diesen Dingen und wissen auch, in wie wenig einheitlicher Absicht, im Gegenteil: in welcher heillosen Zerspaltenheit sie heute betrieben werden, als daß wir hoffen könnten, von hier aus eine wirkliche Beleuchtung unserer Frage erfolgen zu sehen, bevor die nötigsten Vorarbeiten dazu geleistet sind.

136) Max Kuckei: Das Ende der Schule, Kettwig/Ruhr 1924, S. 13.

137) a. a. O. S. 20 u. 32.

138) Max Tepp: Die neue Schule, Kettwig/Ruhr 1924, S. 33. Der Grund, warum auf die bekannteren Vertreter einer Pädagogik aus der Jugendbewegung nicht eingegangen wird, also etwa auf Wyneken, Klatt und vielleicht Lietz, liegt darin, daß sie entweder als Eklektiker oder aus Eigenem schöpfend mehr die Jugendbewegung beeinflußt haben, als von ihr beeinflußt sind; während die beiden Genannten weit mehr Ausdruck einer Bewegung als indi-

viduell bedingte Lösungen geben und geben wollen. Vgl. dazu Georg Merz: Vom Bildungsideal der Jugendbewegung in »Zwischen den Bünden«, 3 Vorträge aus dem Jugendring München, München 1924. Der Verfasser, der m. W. bisher als einziger das Problem zur Behandlung gewählt hat, kommt nach einer Analyse derjenigen historischen Kräfte, die die Jugendbewegung in dieser Hinsicht angeregt und beeinflußt haben, ohne daß heute diese Verbindung in ihrem Bewußtsein noch lebendig sein müßte (Nietzsche, Lagarde und Hölderlin), zu folgendem Resultat: »Kritisch gegenüber der bürgerlichen Kultur verlangt sie nach einer neuen Gestaltung des Lebens. Sie erscheint ihr möglich durch eine neue Bildung von Körper und Geist, die aus der Erkenntnis von der selbstschöpferischen Kraft des Menschen erwächst. Im Menschen ruht diese plastische Kraft und wird von dem genialen Führer entbunden: Verbinden sich nun Meister und Jünger, Führer und Gefolgsmann, so ergibt sich die Möglichkeit neuer Schöpfung, einer geradezu sakramentalen Gestaltung des Lebens: Göttliches strömt ins Leben ein, und was zunächst im kleinen Kreise Gestalt gewinnt, wird zur Keimzelle einer neuen Kultur.« Eine auch nicht gerade sehr konkrete Formulierung, an deren Zustandekommen theologische Kategorien in einem nicht ganz zu rechtfertigenden Maße mitgewirkt haben.

139) Dieser Terminus entstammt der Erziehungsphilosophie Friedrich Fröbels und nimmt das in der gegenwärtigen Bewegung Intendierte weitgehend vorweg: »Der Mensch lebe Gott dar.« Vgl. auch Spranger »Lebensformen« Anm. auf S. 118.

140) Ein Beleg dafür ist das ganz verschiedene Verhalten der Romantik und der Jugendbewegung in der Frage des künstlerischen, besonders literarischen Selbstausdruckes. Während es der ersten trotz der durchaus fließenden Gestalt und der unendlichen Wandlung ihres seelischen Bestandes doch gelungen ist, ihn literarisch ausgezeichnet zu fixieren, hat die letzte dem nur ein hilfloses Gestammel entgegenzusetzen. Das findet teilweise eine Begründung darin, daß die Romantik ein sehr positives Verhältnis zur Geschichte besaß, also in ihr stets Zugang zu einer objektiven geistigen Welt hatte, während die Jugendbewegung, abgesehen von gelegentlichen Reminiszenzen — auch immer erst nachträglicher Art — ihren Gegensatz zum historischen Denken entschieden betont.

141) Hier ist einerseits an die deutsche Mystik, besonders Meister Ekkeharts, wie an die östliche, besonders Dostojewskis, zu denken.

142) So sehr das humanistische Ideal primär als ein individualistisches konzipiert sein mag, so stark drängt es überall zu einer politischen Ausweitung, und zwar »politisch« zunächst in jenem engeren Sinne, wie ihn Thomas Mann immer wieder festzustellen versucht hat; die Antike selbst, der Jesuitenorden und die lateinische wie die angelsächsische, besonders englische Welt bieten dafür Beispiele genug; immer handelt es sich um die virtuos gehandhabte Kunst der bewußten Regelung der Machtverhältnisse, wobei die Beeinflussung der öffentlichen Meinung das spezifisch humanistische Mittel bleibt. Der politische Humanismus, der der preußischen Erhebung und Reform zum Grunde lag, dürfte allerdings anderer Natur gewesen sein. Immer ist aber mit einer Überbetonung der politischen Seite die Gefahr gegeben, daß aus einem in jedem Falle ursprünglich gehaltserfülltem Streben nach höchster Formung ein Mittel zur technischen Beherrschung der Dinge und der Lage und schließ-

lich der Anspruch auf Zugehörigkeit zu einer bestimmten Klasse wird. Vgl. zum Ganzen Eduard Spranger: Das humanistische und politische Bildungsideal im heutigen Deutschland. Berlin 1916.

143) Ferdinand Tönnies: Gemeinschaft und Gesellschaft, Leipzig 1887.

144) Vgl. dazu Alfred Vierkandt, Gesellschaftslehre, Hauptprobleme der philosophischen Soziologie, Stuttgart 1923, bes. §§ 20, 21, 23 und 25. Oder auch Derselbe: Gesellschafts- und Geschichtsphilosophie in: Die Philosophie in ihren Einzelgebieten, herausgegeben von Max Dessoir, Berlin 1925, S. 847 und 871.

145) Vgl. zum Ganzen Simmel und Tillich a. a. O., dazu Georg Simmel: Das Problem der religiösen Lage in: »Philosophische Kultur« S. 217, Potsdam 1923, wie besonders Gustav Radbruch und Paul Tillich: Religionsphilosophie der Kultur, philosophische Vorträge veröffentlicht von der Kantgesellschaft, Heft 24, Berlin 1921 und Paul Tillich: Zur Überwindung des Religionsbegriffes in der Religionsphilosophie, Kantstudien, Berlin 1922.

146) Vgl. Spranger, a. a. O. (Kerschensteiner-Festschrift) und Ernst Troeltsch: Deutsche Bildung, Darmstadt 1919, die darin übereinstimmen; das dritte klassische Element unserer Bildung jedoch abweichend als »Preußische Einheit von Pflicht und Freiheit« und als »Nordisch-germanische Geistesrichtung« bezeichnen.

147) a. a. O.

148) Zitiert bei Heinrich Rickert: Faust's Tod und Verklärung, Vierteljahrsschrift für Literaturwissenschaft und Geistesgeschichte, 3. Jahrgang, III. Bd., Halle 1925.

149) Mennicke, a. a. O. (Zentralblatt) S. 7.

150) Vgl. Ernst Troeltsch: Die Zukunftsmöglichkeiten des Christentums, in Band 2 der gesammelten Schriften, Tübingen 1913, S. 853. Hier hat Troeltsch selbst den einzig ausreichenden, tiefgründigen und mutigen Versuch einer Reduzierung auf das Wesentliche und einer Angleichung an das moderne Bewußtsein unternommen. Dies 1910 zusammenfassend behandelte Thema zieht sich jedoch in Abwandlungen und implizite durch alle seine Arbeiten bis in die letzten Tage.

151) Vgl. a. a. O. S. 855 ff.

152) Sehr klar betont das hier berührte Aloys Fischer a. a. O.: »Die Erziehung kann nicht auf einen Sozialkreis allein oder auf ihn mindestens als Bevorrechteten und Herrschenden erziehen, sondern muß die Vorbereitung des einzelnen auf seine Stellung im Schnittpunkt verschiedener sozialer Daseinsformen sein . . . Hier gilt es nun, darauf aufmerksam zu machen, daß die Abzielung der Erziehung auf das gesellschaftliche Dasein . . . nicht mehr eindeutig durch Angabe eines Verbandes — Menschheit, Volk, Staat, Kirche — verdeutlicht werden kann, sondern die ganze Problematik der sozialen Lebensvorgänge klären muß« (S. 271).

153) Vgl. Spranger a. a. O. (Kerschensteiner-Festschrift).

154) Ebenda.

155) Vgl. Tillich a. a. O. (System der Wissenschaften).

155a) Die zweite hier anzustellende Überlegung hat ihre eindrucksvollste Ausprägung in der Gegenwart von Eberhard Grisebach erhalten (156). Der allgemeine Rahmen dieser Gedanken sei deshalb hier kurz skizziert: »Es wird aus einer nicht anders als religiös zu nennenden Tiefe her die »Bildung« untersucht in einer Weite, wie wir sie sonst diesem Begriff nicht zuzusprechen gewöhnt sind. Dadurch wird eine Erschütterung des Idealglaubens eingeleitet, die, im Gegensatz zu der oben berührten individualistischen Borks etwa, statt von der Tatsache des Ich, vom ewigen Du, seinem Widerspruch zum Ich, seiner Unerkennbarkeit und Unerreichbarkeit ausgeht. Bildung ist überall nur da, wo man sich nicht über diesen Widerspruch in Permanenz hinwegzutäuschen bestrebt, mit Hilfe irgendwelcher beruhigenden Überbrückungsversuche. Und das nicht nur in der Sphäre der Individualität, sondern in jeder menschlichen Kulturfunktion und ihrem Bereich. Auch im Recht, in der Politik, in der Erziehung usw. kommt es auf die »wirkliche« Bildung an, die nur so lange gewährleistet ist, als die lebendige Auseinandersetzung (reale Dialektik) nicht einer Erstarrung und Beruhigung gewichen ist. Es handelt sich also um eine Denkweise und eine Haltung, die die »Grenzen« menschlichen Vermögens außerordentlich ernst nimmt und aus ihnen die Verantwortung gegenüber dem »Jenseits« (des Ichs) schöpft, das Diesseits in energischster Anstrengung zu gewinnen. Über aufgeklärtes Verstehen und Wissen von den Gründen der Dinge hinweg heißt es wieder zu den Dingen selbst zu kommen, die Welt im Augenblick der Bildung zu erfassen, sie zu bilden. Und zwar weil und indem das »Jenseits« ewig fragwürdig bleibt*).«

---

*) Mit der Beziehung auf Grisebach machen wir uns nicht der Inkonsequenz hinsichtlich der Postulierung immanenter Religiosität für das normative Ideal schuldig. Denn niemand kann ausdrücklicher das Transzendente aus seinen philosophischen Überlegungen eliminieren als Grisebach das tut. Er geht darin noch weiter als es unsere im Anschluß an Simmel und andere gegebene Bestimmung des Begriffes der immanenten Religiosität (bei Gelegenheit der ersten Nennung innerhalb der Darstellung des dritten Idealtyps) zuläßt: »Der Philosoph spricht .... direkt nur vom Diesseits, er stellt keinerlei Kontinuität mit dem Jenseitigen her. Würde er sich anmaßen, theologisch zu reden und von einem Ursprunge, vom Ewigen, von Gott, und sei es auch in absoluter Spannung zwischen Diesseits und Jenseits zu urteilen, so würde er nicht mehr die philosophische Frage nach gegenständlicher Erkenntnis stellen und selbst aus der Bildung heraustreten, weil er Bildung und Gebilde nur deutet. ... Von dem Ursprunge und Realgrunde hat die Philosophie immer nur dann direkt geredet, wenn sie über die Verlegenheit und unüberwindliche Kluft, die ewig zwischen Denken und Sein besteht, schnell hinwegzukommen suchte (vgl. Anmerkung Nr. 156, 2 a. a. O. S. 102)«. Am wenigsten aber wird man in der Grisebachschen Position den Ausfluß transzendenter Mystik suchen dürfen. Sie konzentriert das religiöse Leben durchaus nach innen, stellt es auf den letzten, am meisten sich selbst gehörenden Punkt der Seele, aber dennoch ist diese der Aufnahme des höchsten religiösen Wertes nur dadurch fähig, daß sie auch der Ort des göttlichen Lebens ist. »Das Seelische und das Göttliche ist zwar ein unterschiedsloses Eines, aber diesem Einen kommt sein Wert von seinem Göttlich-Sein, nicht von seinem Seele-Sein. Trotz aller realen metaphysischen Ungetrenntheit ist es im ideellen Sinne doch die Relation, die dieses zu jenem hat, wodurch ihm sein religiöser Rang bestimmt wird«. Man braucht diese von Simmel herrührende Explikation des Wesens der Mystik (Rembrandt, S. 163) nur einmal den Grisebachschen Arbeiten zu

[156]) Vgl. seine beiden Bücher: 1. Eberhard Grisebach: Das Problem der wirklichen Bildung, München 1923 und 2. Derselbe: Grenzen und Verantwortung des Erziehers, Halle 1924.

konfrontieren, um zu sehen, daß beides trotz oberflächlicher Berührungspunkte nichts miteinander zu tun hat. An keiner Stelle macht Grisebach den Versuch, unter radikaler Verneinung der Form den unbedingten Gehalt unmittelbar zu erfassen, denn damit würde er sich ja jeden Weg zu kritisch-dialektischer Denkarbeit von vornherein verbauen, die allein es ihm ermöglicht, Grenzen des Erkennens, des Erziehens, auf deren Feststellung es ihm lediglich ankommt, zu statuieren. »Das erste Gesetz (mit diesem Gesetz beginne ich das kritische Denken!) ist die Urfrage selbst, eine ewige Problematik und Krisis meines Wesens, die den Ursprung dadurch berücksichtigt, daß sie in dem nie zu schließenden Bruch unseres Wesens unsere Ausgeschlossenheit von jedem absoluten, identischen Realgrunde reflektiert. Das Diesseits des Menschen wäre nicht das Diesseits, wenn es nicht das völlig vom Jenseits Geschiedene wäre. ... Wir haben nie den Realgrund in unserem Besitz!« — Deutlicher kann man sich gar nicht vom mystischen Denken entfernen, wenn anders unter Mystik nicht jeder auf das Unbedingte gerichtete Geistesakt schlechthin (auch jeder andere religiöse, jeder metaphysische Akt ist auf das Unbedingte gerichtet) verstanden werden soll, sondern in genauem Sinne nur diejenigen Akte, die in ekstatischer Zerbrechung aller Bewußtseinsformen die Vereinigung mit dem Unbedingten als reinem Gehalt unmittelbar erstreben. —

Es ist nicht unsere Aufgabe, zu prüfen, ob die auf ein doch schließlich soziologisches Faktum, das »Verhältnis von Mensch zu Mensch«, den Widerspruch vom Du her, gegründete Ursprungsbezogenheit dadurch auch wirklich erreicht ist; uns kommt es vielmehr darauf an, daß hier eine in unserem Idealtyp durchaus implizite enthaltene Forderung erkennbar zum Ausdruck gekommen ist. Wie die hinter ihm stehende Weltanschauung glaubt, daß aus dem freiesten Spiele aller Interessen und Kräfte gegeneinander schließlich und erst das allgemeine Wohl als Zustand der sozialen Harmonie resultieren werde und damit überhaupt erst der Bestand des gesellschaftlichen Daseins gegeben und gewährleistet sei, so wird hier allein vom realen Widerspruch der Menschen untereinander die Herstellung aller Wirklichkeit überhaupt erwartet. Darin steckt aber wieder ein beachtenswerter doppelter Hinweis für die Normierung eines Erziehungsideals in der Jugendfürsorge. Einmal nämlich darauf, daß die Bildung und Erziehung dieser Zöglinge besonders nicht erfolgen, also auch ein Ideal für diese Arbeit nicht sinnvoll gelten kann, wenn irgend etwas absolut Fertiges, in sich Ruhendes Ausgangs- und Zielpunkt dieser Arbeit ist, wenn also von ihnen ein Erfassen, Aufnehmen, Anerkennen und Verstehen, statt vielmehr eines Erfaßtwerdens in der Totalität ihrer Lebensbezüge, eines »nicht anders als folgen können«, eines Überwundenwerdens aus der Lage heraus gefordert wird, wenn also die Gültigkeit objektiven Geistes statt der Wirklichkeit des Unmittelbaren im Mittelpunkt der Erziehung steht. Eng damit verbunden ist der zweite Hinweis daraus zu folgern: Der Widerspruch von seiten des Zöglings muß so ernst genommen werden, daß selbst um die Erfüllung einer so beweglichen Norm, wie wir sie darzutun versuchten, beständig gerungen, daß sie als Norm unablässig in Frage gestellt werden muß, soll sie nicht in die Sphäre bloßer Idealität einer doch immer nur annähernd zu er-

[157]) Ernst Troeltsch: Der Historismus und seine Überwindung, Berlin 1924, S. 104 ff. Der dritte dieser Vorträge, besonders S. 57 f., ist übrigens sehr geeignet, unsere Aufstellungen über den Gebrauch des Gemeinschaftsbegriffs zu erläutern.

[157a]) Das versuchte auch das Schlagwort vom gemeinsamen pädagogischen Weg bei getrennten »metaphysischen Hintergründen« zum Ausdruck zu bringen, das die Diskussion des Allgemeinen Fürsorgeerziehungstages in Hamburg 1927 beherrschte. Wie dieser sich mit dem Thema des Erziehungsideales in der Fürsorgeerziehung befaßte, so auch eine sehr beachtliche Arbeit von Weniger in der »Erziehung« dieses Jahrganges. Übrigens behandelt unsere Frage für einen etwas weiteren Rahmen, jedoch sehr anregend und weitgehend mit dem hier vertretenen Standpunkt übereinstimmend Helmuth Schreiner in der Zeitschrift »Zeitwende« (bei Beck in München, III., 9, September 27) unter dem Titel »Zur Kritik der modernen Wohlfahrtspflege«; seine Äußerung stellt einen Beweis dafür dar, wie leicht der Zugang zu der hier gewonnenen Anschauung vom evangelisch-kirchlichen Lager aus ist.

[158]) Vgl. Heinrich Weber a. a. O.

[159]) Vgl. Friedrich Mahling a. a. O., besonders §§ 5, 11, vor allem aber § 12.

---

füllenden, im Grunde jenseitigen Forderung, gerückt werden. Um der Wirkungskraft der Norm willen müßte der Widerspruch gegen ihren Gehalt geradezu geweckt werden, wenn er — wie das dann gerade bei einer zulänglichen Erziehung oft auch der Fall ist — nicht spontan entsteht. Nur eine solche Beachtung der lebendigen Widerstände führt zu einer Gemeinschaft von Führer und Geführtem auf dem Wege der Gehaltserfüllung, wie wir über Grisebach hinausgehend sagen würden, in der Verantwortung vor dem Unbedingten, Ewigen. —

**Pädagogik.** Ethische Grundlegung und System. Von Dr. Max Wentscher, o. Professor an der Univ. Bonn. Oktav. XVIII, 386 Seiten. M. 14.—, geb. 16.—

**Zukunftspädagogik.** Berichte und Kritiken. Betrachtungen und Vorschläge. Von Wilhelm Münch. Dritte, umgearbeitete und erweiterte Auflage. Mit einem Vorwort von ADOLF MATTHIAS. Oktav. XII, 310 Seiten. M. 4.—, geb. 5.—

**Geist des Lehramts.** Eine Hodegetik für Lehrer höherer Schulen. Von Wilhelm Münch. Dritte, mit der zweiten verbesserten gleichlautende Auflage. Mit einem Vorwort von AD. MATTHIAS und einem Nachwort von ED. SPRANGER. Oktav. XX, 435 Seiten. M. 6.—, geb. 7.—

**Allgemeine Erziehungswissenschaft.** Von Peter Petersen, Professor an der Universität Jena. Oktav. VIII, 276 Seiten. M. 5.—, geb. 6.50

**Lebenskunst.** Der Weg zum deutschen Kulturprogramm. Von Ernst Bittlinger. Oktav. 249 Seiten. M. 3.50, geb. 5.—, in Halbleder geb. 6.50

**Aus Arbeit und Leben.** Erinnerungen und Rückblicke. Von J. Tews. Oktav. 244 Seiten. M. 4.—, geb. 5.—

Kolibri 360 GmbH
Ferdinand-Jühlke-Straße 7
99095 Erfurt, Deutschland
produktsicherheit@kolibri360.de